AU C

© KENCANNING – ISTOCKPHOTO.COM

Parque Nacional Tortuguero.

Pura vida : c'est par ces deux mots pleins de chaleur que les Costariciens vous accueillent dans leur paradis naturel. Trait d'union entre Amérique du Nord et Amérique du Sud, bordé par la mer des Caraïbes et l'océan Pacifique, traversé par de hautes montagnes, le Costa Rica est une terre intrigante et attractive. Elle offre à ses visiteurs de l'aventure et de l'exotisme, sans bousculer leur confort ni leur faire perdre leurs repères. Il faut partir à la découverte de cette « côte riche », nom donné par Christophe Colomb, ébloui par les parures des Indiens qu'il y rencontrât, pour s'apercevoir des merveilles que conserve précieusement ce territoire. Son véritable trésor, c'est son « or vert » : 6 % de la biodiversité de la planète, l'une des plus riches au monde. Un tiers du territoire est protégé en tant que réserve naturelle, au grand bénéfice de la faune et de la flore locales. Précurseur en matière de développement durable, le Costa Rica développe un tourisme raisonné et respectueux de l'environnement : les établissements hôteliers sont même notés sur ces critères. Volcans actifs et endormis, jungles luxuriantes, eaux claires et fonds marins riches, air pur au sommet des montagnes... les quatre éléments classiques y sont représentés. Mais la philosophie costaricienne ne se limite pas uniquement à la nature... À la différence de ses turbulents voisins, il s'est forgé un état d'esprit pacifiste. Pays démocrate depuis son indépendance en 1821, le Costa Rica a aboli la peine de mort en 1882, n'a plus d'armée depuis 1948 et a donné le droit de vote aux femmes en 1949 ! Preuve que la *pura vida* n'est pas qu'une façon de penser, mais bien une manière de vivre.

© PARKOL – ISTOCKPHOTO.COM

Parque Nacional Volcán Poás.

SOMMAIRE

DÉCOUVERTE

VISITE

PENSE FUTÉ

OFFERT **CE GUIDE VERSION NUMÉRIQUE**
Retrouvez cette offre en page 99

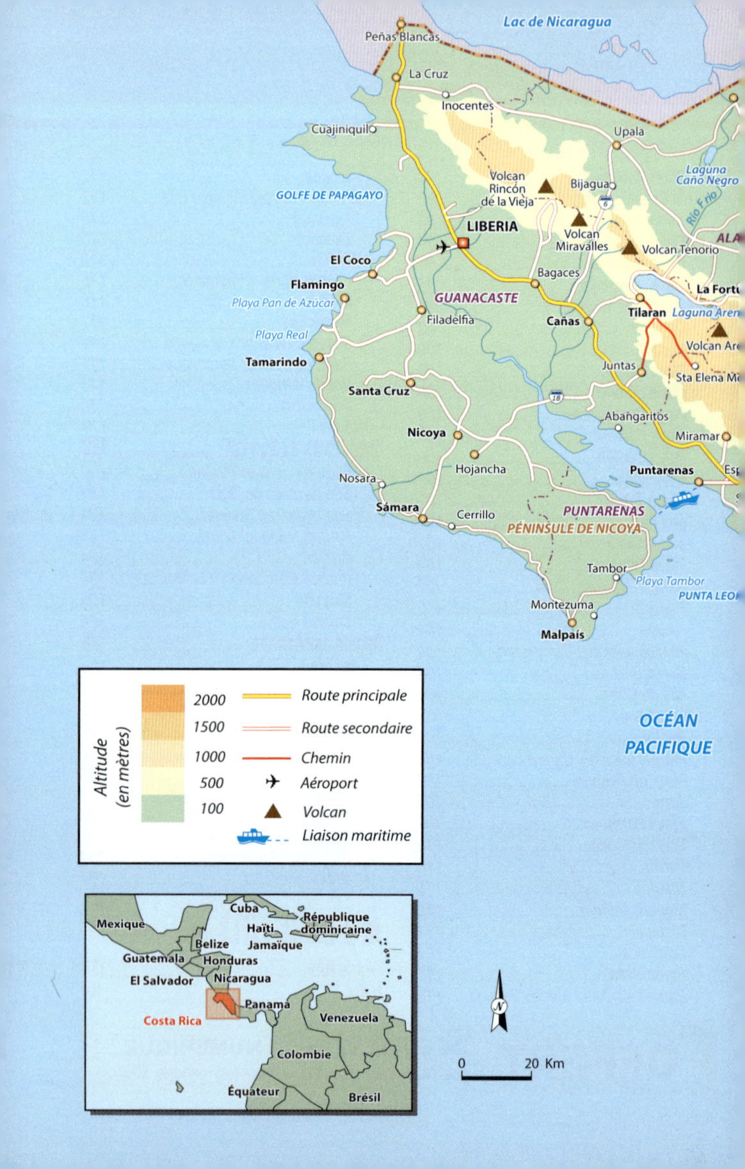

Lac de Nicaragua
Peñas Blancas
La Cruz
Inocentes
Cuajiniquil
Upala
Laguna Caño Negro
Rio Frio
GOLFE DE PAPAGAYO
Volcan Rincón de la Vieja
Bijagua
LIBERIA
Volcan Miravalles
Volcan Tenorio
El Coco
Flamingo
Playa Pan de Azúcar
GUANACASTE
Bagaces
La Fortu
Filadelfia
Cañas
Tilaran
Laguna Aren
Playa Real
Tamarindo
Volcan Are
Juntas
Sta Elena M
Santa Cruz
Abangaritos
Nicoya
Miramar
Hojancha
Puntarenas
Nosara
Sámara
Cerrillo
PUNTARENAS
PÉNINSULE DE NICOYA
Tambor
Playa Tambor
PUNTA LEO
Montezuma
Malpaís
Altitude (en mètres)
2000
1500
1000
500
100
Route principale
Route secondaire
Chemin
Aéroport
Volcan
Liaison maritime
OCÉAN PACIFIQUE
Cuba
Mexique
République dominicaine
Haïti
Belize
Jamaïque
Guatemala
Honduras
El Salvador
Nicaragua
Costa Rica
Panama
Venezuela
Colombie
Équateur
Brésil
N
0
20 Km

Costa Rica
NICARAGUA
Río San Juan
PLAINES DU NORD
Tortuguero
Parc National de Tortuguero
MER DES CARAÏBES
Muelle
Puerto Viejo de Sarapiquí
Cariari
RÉGION CARAÏBE
BOCA DEL RÍO PARISMINA
Ciudad Quesada
HEREDIA
Zarcero
Guapiles
Volcan Poás
Guacimo
Volcan Barva
San Ramon
Sarchi
Volcan Turrialba
Siquirres
Matina
Alajuela
Palmares
Heredia
Volcan Irazú
LIMÓN
Aéroport international Juan Santamaria
Sta Ana
SAN JOSÉ
Sta Cuz
Tres Rios
Pacayas
San Pablo
Colon
Turrialba
Río Chirripó Atlantico
Aserri
Cartago
Puriscal
Paraíso
San Ignacio
CARTAGO
SAN JOSÉ
Cahuita
Puerto Viejo de Talamanca
San Pablo
LIMÓN
Bribri
San Marcos
Santa Maria
CÔTE DU PACIFIQUE CENTRAL
CORDILLIÈRES DU SUD-EST
Sixaola
Parrita
Cerro Chirripó
San Gerardo
Quepos
Playa Palo Seco
Rivas
Playa Manuel Antonio
San Isidro de El General
Santa Teresa
Parc National Manuel Antonio
PANAMA
Playa Dominical
Dominical
Buenos Aires
Uvita
Parc National Marino Ballena
PUNTARENAS
Paso Real
Cortes
Palmar
Coto Brus
Gutiérrez Braun
GOLFO DULCE ET OSA
Sierpe
Sabalito
San Vito
Drake
Rincon
Golfito
Ciudad Neily
Puerto Jiménez
Pueblo Nuevo
Parc National Corcovado
Madrigal
Paso Canoas
Carate
Laurel
Higo
González Víquez

Jardin de La Fortuna offrant une magnifique vue sur le volcan Arenal.

DÉCOUVERTE

LES PLUS DU COSTA RICA

Un accueil chaleureux et professionnel

Pionnier en matière d'écotourisme, le Costa Rica a fait du tourisme son moteur de croissance. De nombreux opérateurs généralistes et spécialisés l'ont intégré et offrent des services professionnels et pour la majorité inoubliables. Chaque année, le nombre de visiteurs ne cesse de croître. Comme la majorité provient d'Amérique du Nord et du Canada, l'anglais est la langue la plus couramment utilisée pour accueillir les touristes. Les Costariciens n'étaient pas habitués à ce que les Américains parlent espagnol, ils parlent spontanément la langue de Shakespeare après avoir souhaité la bienvenue. Les visiteurs francophones étant de plus en plus nombreux, les équipes intègrent bien souvent un opérateur connaissant le français. Mais que ce soit dans les agences ou dans les hôtels, ils sauront répondre à vos attentes avec un grand professionnalisme. Quant aux Costariciens que vous rencontrerez au hasard de vos pérégrinations, ils se distinguent par leur gentillesse et leur discrétion. Ne vous étonnez pas que l'on vous salue spontanément d'un geste de la main ou d'un sourire alors qu'on ne vous connaît pas, c'est une façon de vous dire que vous êtes ici aussi chez vous.

Un large choix d'activités

Le Costa Rica est riche d'un environnement permettant de s'adonner à n'importe quelle activité, qu'elle soit sportive, d'aventure ou de découverte. Outre la contemplation béate des règnes animal et végétal, on peut s'adonner au surf (les vagues du Costa Rica sont réputées), à la plongée (le plus beau spot se trouve sur Isla del Coco, à 500 km à l'ouest de la côte Pacifique !), au rafting et au canoë sur les ríos qui descendent de la cordillère centrale (Pacuare, Reventazón, Sarapiquí...), à la randonnée pépère comme à l'extrême en forêt dense, aux ascensions (comme celle du volcan Rincón de la Vieja), au saut à l'élastique, au VTT et au vélo de course sur les routes de la Vallée centrale (Póas, Turrialba...), aux nombreuses randonnées à cheval sur la plage... Et même au repos total dans des lodges éloignés de tout, où chacun est invité à respecter son prochain comme son environnement, dans son hamac.

Un climat diversifié

Malgré sa position tropicale, qui devrait garantir au Costa Rica une certaine uniformité climatique, on peut trouver ici plusieurs climats liés aux différences d'altitude et à la proximité des océans Atlantique et Pacifique : si la chaleur humide des basses plaines devient trop écrasante, rien de mieux qu'une petite virée à la sierra pour se rafraîchir. Et on peut même y ressentir une vraie sensation de froid, comme aux alentours du Cerro de la Muerte. De nombreux lodges en altitude font marcher la cheminée le soir. Entre décembre et avril, c'est la saison dite sèche, *el verano*. Il ne pleut pas, le soleil brille en permanence et les températures sont plus élevées. C'est la pleine saison touristique (*la temporada alta*) : les touristes, notamment nord-américains, sont nombreux et les prix évidemment plus élevés. Même s'ils font partie de *la temporada verde* (la saison verte), les mois compris entre mai et septembre sont très fréquentables. Selon les années, les pluies sont plus ou moins abondantes, voire rares. Et ces années-là, c'est le bonheur en basse saison ! Nous vous recommandons de partir entre mai et septembre, pile au moment des vacances scolaires... Pendant cette période, il y a un peu moins de monde – un peu moins de Nord-Américains en fait. Mais en juillet et août, la période des vacances européennes fait partie de la petite *temporada alta*, et les prix des chambres d'hôtel sont souvent ajustés au niveau supérieur. En revanche, au mois d'octobre, la saison des pluies bat son plein et certains établissements en profitent pour fermer et se faire une beauté avant de rouvrir en novembre pour la saison haute.

Une nature bienveillante

Très généreuse et variée – 6 % de la biodiversité de la planète ! –, la nature est ici protégée et respectée par tous. C'est l'un des principaux buts d'un voyage au Costa Rica. Si l'on est peu réceptif aux merveilles végétales et animales, on risque de s'y ennuyer un peu. Heureusement, il reste la mer et les plages avec la pêche sportive très répandue et le surf qui l'est tout autant, mais aussi les rivières pour les sports d'aventure. Quant aux amateurs de fleurs, d'arbres, d'oiseaux, de grenouilles, d'iguanes et de nombreux autres animaux, ils trouveront le voyage toujours trop court.

Une qualité de vie sans pareille

Selon les expatriés, le Costa Rica serait le pays le plus accueillant d'Amérique centrale, et peut-être même d'Amérique tout court. Il faut dire aussi que les étrangers y sont bien soignés au travers de nombreux organismes d'accueil ou d'investissement. Dans la vie de tous les jours, et contrairement à ses voisins agités, il y règne une certaine tranquillité qui va de pair avec stabilité. Il n'y a pas d'armée et pas de putsch. Le respect des gens, de la nature, de la vie, la paix sociale et la démocratie sont bien ancrées dans le pays, comme en témoigne la devise nationale : « ¡ Vivan siempre el trabajo y la paz ! » (Que vivent à jamais le travail et la paix !). La nature même est clémente, car si le risque d'éruptions volcaniques est toujours présent, il n'y a pas de cyclone au Costa Rica, fait remarquable pour un pays tropical de la région Caraïbe. Enfin, en conclusion, on peut dire qu'il s'y dégage une philosophie de vie que caractérise bien le slogan national « Pura vida ».

LE COSTA RICA EN BREF

Pays

- **Nom officiel :** República de Costa Rica.
- **Capitale :** San José.
- **Superficie :** 51 100 km².
- **Langue :** espagnol.

Population

- **Nombre d'habitants :** 5 millions d'habitants (2019).
- **Densité :** 97,9 hab./km².
- **Taux de natalité :** 1,45 %.
- **Taux de mortalité :** 0,45 %.
- **Espérance de vie :** 80,2 ans.
- **Taux d'alphabétisation :** 97 %.
- **Religion :** catholicisme.

Économie

- **Monnaie :** le colón (¢) – colones au pluriel – du nom du « découvreur » Christophe Colomb.
- **PIB :** 60 126 millions d'US$ (2019).
- **PIB/habitant :** 12 027 US$.
- **Taux de croissance :** 2,7 %.
- **Taux de chômage :** 8,1 %.
- **Taux d'inflation :** 1,6 %.

Culture en terrasse dans la région d'Alajuela.

Décalage horaire

GMT moins 6 heures, c'est-à-dire moins 7 heures en hiver par rapport à la France, la Belgique et la Suisse, et moins 8 heures en été. Moins 1 heure par rapport à Montréal.

Climat

Le climat du Costa Rica est tropical avec deux saisons : la saison sèche de décembre à avril, la saison humide (*temporada verde*) de mai à novembre. Les températures sont agréables (25-30 °C) tout au long de l'année. Plus élevées sur les côtes et dans les plaines, elles fraîchissent pourtant considérablement en altitude. Il peut même y faire froid... Et c'est pour cela que vous trouverez des poêles à bois et des couvertures dans les lodges d'altitude.

Jeunes costaricains en habits traditionnels, Liberia.

Le drapeau du Costa Rica

Il a été établi avec les trois couleurs de la France : bleu, blanc, rouge avec cinq bandes horizontales. « La France dresse ses couleurs verticalement, car elle est au centre de la civilisation. Le Costa Rica les érigera horizontalement, car c'est une nation qui commence à recevoir les premiers rayons de sa véritable indépendance et de la civilisation du siècle. » (Castro Madriz, président de la République, 1848).

San José

Janvier	Février	Mars	Avril	Mai	Juin	Juillet	Août	Sept.	Octobre	Nov.	Déc.
14°/ 24°	14°/ 24°	15°/ 26°	17°/ 26°	17°/ 27°	17°/ 26°	17°/ 25°	16°/ 26°	16°/ 26°	16°/ 25°	16°/ 25°	14°/ 24°

LE COSTA RICA EN 10 MOTS-CLÉS

Atardecer

Les couchers de soleil ont lieu à la même heure pratiquement toute l'année, avec seulement un quart d'heure de différence au moment des solstices. Évidemment, les couchers les plus magiques sont visibles sur la côte Pacifique, dans les environs de Tamarindo, Jacó, Manuel Antonio ou encore de Santa Teresa-Mal País. Rendez-vous vers 16h45 pour profiter de ce spectacle incroyable aux couleurs flamboyantes, face à la mer ou aux montagnes. Vers 17h45, ce sont des camaïeux mauves qui vous attendent. Le summum de la magie : un atardecer sur le Pacifique depuis l'amphithéâtre enchanteur de la Villa Caletas (nord de Jacó) sur un air de Vivaldi.

Biodiversité

Selon la loi de biodiversité votée à Montréal en 1997, on désigne par ce terme l'ensemble des espèces animales ou végétales et leur diversité vivant au sein des écosystèmes. On y inclut également les activités humaines sous toutes leurs formes. La biodiversité garantissant la richesse d'un milieu, il est très important de la protéger. C'est ce qu'a compris le Costa Rica qui, bien qu'occupant seulement 0,03 % de la surface terrestre, bénéficie de 6 % de la biodiversité mondiale, soit plus que les États-Unis (tout de même 200 fois plus grand).

Café

Une étude réalisée au Costa Rica montre qu'une culture de café proche d'une forêt a une production augmentée de 20 % et une qualité de 17 % supérieure à la normale. Les forêts stimulent donc la productivité agricole. Ceci est lié à la présence d'espèces pollinisatrices, et au rôle de barrière contre les invasions que jouent les forêts. Alors qu'il n'est pas originaire du Costa Rica, le café (*el grano de oro*) est la culture miracle du pays. Profitant de l'ombre des imposantes forêts, des terres volcaniques d'altitude et d'une température constante (printanière), les caféiers ont trouvé dans la Vallée centrale les terres idéales pour produire ce café au goût unique, le meilleur du monde. À l'origine du développement économique du Costa Rica, il a aujourd'hui perdu sa première place au profit du tourisme. Les 175 millions de plants sont toujours choyés, et nulle part ailleurs dans le monde le café n'atteint une telle productivité. La fève de *grano de oro* évolue toujours et libère aujourd'hui plus d'arôme pour moins de caféine.

Canopy

Le vrai succès du Costa Rica depuis quelques années ! La canopée (*canopy* en anglais, terme le plus souvent répandu ici) désigne la voûte supérieure de la forêt qu'on ne voit quasiment jamais du sol. Pour l'observer, il faut grimper au moyen de câbles ou de passerelles suspendues. Une nouvelle dimension est ainsi apportée au spectacle, sans comparaison avec celui que procuraient les jumelles auparavant. Mousses, champignons, plantes épiphytes, orchidées, reptiles, oiseaux, grenouilles, insectes, autant d'espèces jusqu'alors entr'aperçues, mais inconnues qui peuvent être observées.

Costaricain, Costaricien ou Tico ?

Il existe plusieurs manières de nommer les habitants du Costa Rica. Si le terme « costaricain (ne) » semble le plus instinctif à employer, c'est pourtant le terme « costaricien (ne) » qu'il faut privilégier en langue française. Sur place, le terme « tico/tica » vient de l'habitude qu'ont les Costariciens d'user et d'abuser de diminutifs. Si les autres hispanisants ajoutent « -ito » ou « -illo », eux collent « -ico » à tous les mots. Mais ils ne se contentent pas de cette précision puisqu'ils doublent très souvent le « -tico » : *hermanititico* signifie « mon petit frère » et *chiquititico* tout simplement « minuscule ».

¡ Maje !

Typiquement tico, « Maje » signifie à l'origine « crétin », puis « mec » (à prononcer « maé »). Il est devenu une interjection, souvent doublée pour commencer et terminer les phrases. On pourrait le traduire par « Hey ! ».

Marimba

Le son du *marimba* anime de nombreuses soirées du pays. Composé de lamelles de bois local, cette espèce de xylophone existe sous des formes diverses dans la plupart des pays d'Amérique latine. Au Costa Rica, la ville de Santa Cruz dans le Guanacaste est la capitale du *marimba* où l'on trouve le plus de *marimbistas* (joueurs) et de *marimberos* (fabricants).

Playa Conchal.

Playas

De vraies cartes postales, où il fait bon lézarder sur le sable, noir ou blanc. On s'y découvre peu, en tout cas, pas de seins nus ! Certaines plages sont plus familles tandis que d'autres sont parfaites pour le surf. Les vagues, bonheur des surfeurs, sont presque toujours contraires à la baignade. De nombreuses plages sont dangereuses et peu recommandées à cause des courants forts qui longent les côtes dans un sens ou dans l'autre. Le mieux est d'interroger quelqu'un du coin, si aucun baigneur n'est là pour vous renseigner. On dénombre deux cents noyades par an au Costa Rica. Même si les personnes concernées sont souvent des « Ticos imbibés » rentrant d'une tournée bien arrosée, la plupart de ces accidents sont provoqués par les contre-courants qui poussent les baigneurs vers le large.

Quetzal

Considéré comme l'un des plus beaux oiseaux tropicaux du monde, le quetzal est l'emblème de la civilisation précolombienne. Il a donné figure au dieu Quetzalcóatl, que l'on peut voir sur de nombreuses sculptures précolombiennes, du Mexique au Panamá, associé au culte du serpent à plumes. L'empereur Montezuma revêtait, en cérémonie, un manteau réalisé avec plusieurs milliers de plumes de quetzal.

Cet oiseau vit dans les hautes forêts tropicales humides, mais on peut tout de même l'observer notamment dans le parc qui lui est dédié.

Le quetzal resplendissant possède un ramage à la hauteur de son plumage émeraude. Son chant rivalise très bien avec celui du rossignol.

¡ Tuanis !

« Tuanis » est la manière de se répondre entre Ticos pour dire que tout va bien ou que l'on trouve quelque chose de vraiment très beau ou très bon ! C'est ainsi que se reconnaissent les Ticos à l'étranger.

© DANNYBREG

Quetzal resplendissant.

SURVOL DU COSTA RICA

Géographie

Le Costa Rica, petit pays de l'isthme d'Amérique centrale, est délimité au nord par le Nicaragua, au sud par le Panamá, à l'ouest par le Pacifique (1 200 km de côte) et à l'est par la mer des Caraïbes (215 km de côte). Situé entre deux continents et deux océans, il bénéficie d'une situation unique.

Sur 51 060 km² de superficie, soit un peu moins d'un dixième de la France, le relief du Costa Rica est traversé du nord-ouest au sud-est par quatre chaînes montagneuses atteignant au plus haut point 3 800 m d'altitude – au nord-ouest, les cordillères du Guanacaste et de Tilarán, la cordillère centrale à l'est de San José et la cordillère de Talamanca au sud du pays. Deux chaînes plus basses soulignent les précédentes : la chaîne Costañera longe la côte Pacifique sud, et la chaîne Bustamante se situe au sud de la région appelée Los Santos. On compte également une zone montagneuse au centre de la péninsule de Nicoya. Au centre de ces montagnes, à 1 000 m et plus d'altitude, la Vallée centrale (Valle Central) – 3 000 km² de terres fertiles enrichies par un climat tropical tempéré – héberge la moitié de la population du pays et une grande partie des cultures, dont les plus importantes sont celles du café qui donne les meilleurs arabicas à 1 200 m d'altitude, la canne à sucre, la noix de macadamia et des plantes ornementales, principaux produits d'exportation. Les montagnes qui protègent ces plantations sont pour la plupart d'origine volcanique et au moins cinq d'entre elles sont encore en activité (l'Irazú, le Poás, le Rincón de la Vieja, le Miravalles et l'Arenal). Le plus haut sommet, le Chirripó, au sud du pays dans la cordillère de Talamanca, à seulement 50 km de la côte Pacifique, ne gronde jamais, mais en impose avec ses 3 819 m d'altitude.

Au pied des montagnes, les plus grandes plaines sont principalement la plaine sèche du Guanacaste au nord-ouest du pays, les plaines marécageuses du nord (llanuras) et la plaine Caraïbe dont la partie septentrionale est sillonnée de canaux artificiels et de rivières naturelles (Tortuguero).

© ANA_RUMOROSO

Parc national Chirripó.

Baigné par deux océans (aucun point du pays n'est à plus de 120 km d'une côte), plus de 65 % des frontières du Costa Rica sont côtières, et quelles côtes ! Tous les rêves d'îles idylliques sont ici réunis, de l'ambiance caraïbe à la douceur du Pacifique, des plages rocheuses aux cocotiers inclinés vers les vagues. Nombre de ces plages sont encore désertes, connues seulement de quelques surfeurs guidés par la passion. Les plus fréquentées sont celles du Pacifique nord qui bénéficient d'un climat plus sec et du Pacifique centre (Quepos).

Climat

Situé entre les 8e et 13e degrés de latitude nord, le Costa Rica jouit d'un climat tropical où quatre zones climatiques sont à distinguer. Les basses terres humides sont celles de la côte Caraïbe et du sud de la côte Pacifique. Elles se caractérisent par une quasi-absence de saison sèche. Les pluies, peu abondantes sur les plages, s'intensifient dès que l'on pénètre dans les terres, jusqu'à dépasser 5 000 à 6 000 mm par an (près de dix fois la pluviométrie de Paris). Les températures sont assez constantes (autour de 25 à 30 °C), mais sont ressenties comme beaucoup plus élevées en raison du taux d'humidité dans l'air, proche de 95 %. La côte Caraïbe connaît de temps en temps un grain plus fort qui entraîne des inondations – d'où de nombreuses maisons sur pilotis –, mais elle n'est pratiquement pas menacée par les cyclones – seulement les effets de quelques queues de cyclones – qui balayent d'autres pays pourtant proches.

Les basses terres, avec saison sèche, comprennent le Guanacaste et une partie de la province de Puntarenas. Elles se distinguent par des températures plus chaudes (de 30 à 35 °C) et une saison sèche très marquée. La saison des pluies commence en mai, traditionnellement à la San Isidro (15 mai), pour se terminer en novembre comme dans la Vallée centrale où le climat est plus tempéré (de

Parc National Braulio Carrillo.

Catarata Rio Celeste, Tenorio National Park.

20 à 25 °C). Fin juin, après la Saint-Jean (24 juin), *el veranillo* (petit été) est une courte période d'une quinzaine de jours pendant laquelle les pluies diminuent et le temps redevient presque estival. Le *veranillo* qui s'annonce souvent par un orage très violent (*temporal*) est l'un des meilleurs moments pour visiter le Costa Rica qui reçoit moins de touristes en cette basse saison. Entre 1 000 m et 1 500 m d'altitude, les températures sont un peu plus fraîches et constantes ; la saison sèche est encore marquée. Le climat montagneux se rencontre, bien sûr, au-dessus de 1 500 m, et plus on grimpe plus les températures baissent. On peut même ressentir cruellement le froid par temps humide et le choc est un peu rude si on est arrivé le matin même de la côte...

Environnement

« L'État devra garantir le droit au plus grand bien-être à tous les habitants du pays, en organisant et en stimulant la production et une meilleure répartition des richesses. Pour cela, il semble légitime de dénoncer les actes qui vont à l'encontre de ce droit et de réclamer réparation. L'État devra garantir, défendre et préserver ce droit. La loi déterminera les responsabilités et les sanctions correspondantes. » (Article 50 de la Constitution politique du Costa Rica).

Par cet article, ajouté à la Constitution le 14 septembre 2002, le président de la République Abel Pacheco insiste, au moment où l'on s'apprête à célébrer la fête nationale, sur le droit dont dispose chacun à bénéficier du meilleur environnement possible, c'est-à-dire sain et écologiquement équilibré où les richesses naturelles doivent être mieux réparties, qu'elles soient à l'origine de bénéfices commerciaux ou tout simplement vitales comme l'eau et l'air. Après les garanties sociales signées par Calderón en 1943, ce sont les garanties environnementales qui deviennent l'une des priorités du pays.

Mais les organisations et les responsables savent qu'il ne suffit pas de créer des zones protégées pour garantir un environnement sain. C'est ensuite aux mauvaises habitudes qu'il faut s'attaquer, aux modes agressifs de culture, à la déforestation sauvage, aux pollutions de notre quotidien, au manque d'infrastructures ou de moyens comme le ramassage des ordures ou la mise en place de poubelles dans les endroits très fréquentés ou aux gestes de malveillance. Au niveau des points touristiques, on voit une nette amélioration des comportements et un vrai respect pour l'environnement. Cependant, des biologistes, guides et responsables des zones protégées (parcs, refuges nationaux) s'alarment de ne plus voir autant d'espèces animales qu'auparavant. Car beaucoup de parcs accueillent de plus en plus de visiteurs et les animaux s'éloignent des chemins de randonnée que ces derniers empruntent. Ils préconisent d'imposer une certaine déontologie auprès des entreprises (tour-opérateurs, réceptifs...) qui font venir les voyageurs jusqu'au cœur de ce petit pays d'Amérique centrale afin de mieux respecter ce fragile écosystème, source tarissable de l'économie costaricienne.

Faune et flore

Le Costa Rica est certainement le pays d'Amérique latine dont la faune et la flore sont les plus riches et variées, la forêt tropicale humide représentant 34 % du territoire. Les espèces végétales et animales représenteraient près de 6 % des espèces connues sur terre alors que le territoire n'occupe que 0,03 % de la planète ! Autre intérêt du Costa Rica, sa concentration en espèces. Quand le Brésil compte 6 espèces d'arbres différentes par kilomètre carré, la Colombie en dénombre 35 et le Costa Rica 295 ! Et en ce qui concerne les animaux, on estime qu'il y a encore 2 % de vertébrés inconnus et 40 % de poissons ! Les nombreux parcs nationaux et réserves privées protègent pratiquement 30 % du territoire. Ils constituent l'un des principaux attraits du pays.

On trouve dans le pays une grande variété de forêts : montagneuses humides, tropicales sèches et tropicales humides. Ces forêts abritent quantité d'espèces végétales (fougères arborescentes, fromagers, héliconias, broméliacées épiphytes dont près de 1 200 variétés d'orchidées sur 1 400 recensées dans le monde). En premier lieu, les oiseaux : on dénombre plus de 850 espèces dans le pays, qui est un des tout premiers lieux d'observation ornithologique au monde. Citons, entre autres oiseaux qu'on peut apercevoir de sa voiture ou de son hamac : le toucan, le colibri (50 espèces), le trogon, le motmot, la perruche ou le perroquet, le héron, le pic-vert (*carpintero*), le milan à queue fourchue, le tyran, le pélican, la frégate, le martin-pêcheur, le *zopilote* (grand vautour), le *jabiru* (rare), la spatule rose et les aras très menacés. Le plus célèbre de tous, le plus bel oiseau tropical, est sans doute le mythique quetzal, au plumage brillant vert émeraude et rouge, à la petite tête ébouriffée comme une peluche. On trouve également au Costa Rica la faune tropicale habituelle : de nombreux reptiles (tortues, iguanes, caïmans, crocodiles, boas), des papillons, des amphibiens, des félins (jaguars, pumas, ocelot, margay...), des singes, etc.

HISTOIRE

Comme tous les pays du continent américain, qu'ils soient du nord ou du sud, le Costa Rica a une histoire divisée en deux parties bien distinctes : la première avant Christophe Colomb (préhistoire et époque précolombienne), la deuxième après la découverte du Costa Rica par le célèbre navigateur le 18 septembre 1502 (découverte et construction actuelle).

Les premiers peuplements

Le continent américain a été peuplé par des nomades venus d'Asie qui ont traversé l'actuel détroit de Béring il y a environ 40 000 ans, les deux continents étant alors reliés physiquement. Ces toutes premières populations de chasseurs ont très lentement entamé une « migration vers le sud » du continent atteignant l'actuel Costa Rica il y a 12 000 ans. C'est l'époque du paléolithique. Bien que la région ait toujours été une zone de passage, certains se sont sédentarisés et les chasseurs-cueilleurs sont devenus des agriculteurs vers 4000 av. J.-C. (néolithique). Mais au cours de son lent processus de sédentarisation, cette région méso-américaine ne put jamais développer des structures sociales et politiques importantes contrairement à celles des régions plus au nord (l'actuel Mexique et Guatemala, civilisation maya) et plus au sud (pays andins, civilisation inca). Les tribus restèrent trop isolées et ne purent, ou ne surent jamais s'unir.

Pétroglyphes au Monument National Guayabo, Turrialba.

Statue de Juan Mora Fernandez, centre-ville, San José.

L'époque précolombienne

Au centre du pays, sur le plateau (l'actuelle Vallée centrale), vivaient par petites tribus des Indiens Corobicí, chasseurs, cueilleurs, agriculteurs, artisans et aussi bâtisseurs. Ils ont laissé la seule construction précolombienne en pierre (Xe siècle) du Costa Rica, Guayabo. Ils ont aussi laissé de nombreux objets, statuettes, amulettes en or. Or, pour des raisons inconnues, ces peuplades de Guayabo disparurent vers 1400 apr. J.-C., donc bien avant l'arrivée des Espagnols. Mystère ! Il y avait aussi sur ces hauts plateaux les Indiens Huetares. Sur les terres du nord-ouest, aujourd'hui Nicoya et Guanacaste, vivaient les Indiens Chorotegas d'origine sud mexicain, car ils parlaient le nahuatl, une langue aztèque. Plutôt cultivateurs (maïs, haricots, coton, cacao), ils ont laissé des céramiques et des figurines en jade d'une exceptionnelle qualité. Au sud de la cordillère de Talamanca, vivaient les Indiens Cabecar et Guaymí, tribus qui se prolongeaient au Panamá d'aujourd'hui.

Sur la côte Caraïbe, au sud-est, vivaient les Indiens Bribri et Kekoldi dont on peut encore visiter aujourd'hui les « réserves » et les villages. Agriculteurs (manioc), ils étaient particulièrement proches de cultures plus sud-américaines contrairement aux Chorotegas. Au sud-ouest, vivaient les Indiens Boruca (appelés aussi Brunca), toujours présents. Ils taillaient dans des blocs de granit d'énormes sphères – jusqu'à 2 m de diamètre – laissant ainsi une énigme aux générations futures. Ces bolas réalisées 1 000 ans av. J.-C. (on peut en voir à la Isla del Caño, mais plus facilement au musée national de San José), parfaitement sphériques devaient avoir une signification religieuse, la sphère pouvant représenter le soleil ou la lune.

La découverte

Le 18 septembre 1502, Christophe Colomb, lors de son quatrième et dernier voyage, est contraint par une violente tempête à chercher refuge sur la côte, sur l'île aujourd'hui connue sous le nom de Isla Uvita. Il pose alors le pied dans un endroit nommé « Cariarí », probablement sur Isla Uvita au large de l'actuel Puerto Limón. Éblouis par l'or que portent les guerriers et leurs chefs – les caciques – et sensibles au bon accueil qu'on leur réserve, les Espagnols s'imaginent avoir atteint un pays fabuleux et facile à conquérir. Ils baptisent « Costa Rica » (côte riche) cette terre aux richesses si convoitées. Quatre ans plus tard, en 1506, Diego de Nicuesa, installé au Panamá, est envoyé par le roi Ferdinand V d'Espagne pour coloniser le territoire, déjà incorporé à la Castilla del Oro et parcouru par Bartolomé Colomb, frère de Christophe. Diego de Nicuesa et ses hommes remontent la côte à pied. De nombreux soldats, victimes des maladies tropicales, meurent ; les autres se heurtent à l'accueil des Indiens guère enthousiaste. En 1513, Vásco Núñez de Balboa découvre la côte Pacifique, ce qui donne lieu à d'autres expéditions colonisatrices qui restent des échecs. Le pays n'est exploré qu'en 1522 par Juan de Castañeda et Hernán Ponce de León. Le golfe de Nicoya est atteint par Gaspar de Espinosa. En 1524, Bruselas est la première ville fondée dans cette région. Enfin, en 1540, le territoire passe sous juridiction espagnole, dirigé depuis le Guatemala.

Les colonies

Le pays est alors occupé par environ 350 000 indigènes hostiles aux Espagnols. Ils seront pour la plupart anéantis par les maladies, la faim et les guerres – dans les années 1570, on estime qu'ils n'étaient plus que 250 000. La colonisation est difficile, mais en 1561, un an après la fondation du premier village Garcimuñoz, par Juan de Cavallón, la « côte riche » est occupée jusqu'à la péninsule de Nicoya. Cependant, les Espagnols sont déçus : l'or n'est guère abondant. À la mort de Juan de Cavallón, Juan Vásquez de Coronado est nommé gouverneur de la région. Il fonde Cartago en 1562, première capitale des nouvelles terres. Son gouvernement servira de modèle en Amérique centrale. Colonisateur humaniste, Juan Vásquez de Coronado marquera profondément son époque.

L'indépendance

Le Costa Rica était placé sous la juridiction de la capitainerie générale du Guatemala qui englobait sous sa tutelle toute la région centrale du Nouveau Monde, des Chiapas au Mexique jusqu'au Panamá (Audiences). Le 13 octobre 1821, Cartago apprend par courrier que les autres régions de l'isthme centraméricain ont proclamé leur indépendance à l'égard de la couronne d'Espagne le 15 septembre précédent. Les Costariciens en profitent pour rédiger une Constitution (le pacte de la Concorde ou Acta de los Nublados) ratifiée le 1er décembre de la même année. Après quelques échauffourées entre partisans de l'indépendance totale et ceux du rattachement au Guatemala – les libérales San José et Alajuela font face aux conservatrices Heredia et Cartago –, le Costa Rica fait partie des Provinces-Unies centraméricaines jusqu'en 1838. Cette année-là, la nouvelle République se déclare indépendante des autres à l'initiative du président Braulio Carrillo. Entre-temps, en 1828, la péninsule de Nicoya qui faisait partie du Nicaragua avait décidé de se rattacher au Costa Rica. L'esclavage a été aboli en 1824. Le premier président de cette jeune République, officiellement proclamée en 1848, Mora Fernández, lance dès sa nomination, un programme de développement pour le Costa Rica, prévoyant notamment la construction de routes et d'écoles. Sa politique audacieuse (cession de lopins de terre à quiconque promettait d'y cultiver du café) est à l'origine du plus important commerce du pays.

Menaces sur la République

Au milieu du XIXe siècle, William Walker, ancien journaliste, médecin, avocat, chercheur d'or, agent « d'affaires » et surtout aventurier, s'est senti pousser des ailes de chef d'État. Il commence alors sa nouvelle carrière de mercenaire et de semeur de troubles avec une « idée impériale » en tête : annexer l'isthme aux États-Unis. En 1855, Walker débarque donc au Nicaragua, à la tête d'une soixantaine d'hommes, mais les futurs esclaves ne sont pas très dociles et une bataille financière entre ses commanditaires achève de le déstabiliser. Toute l'Amérique centrale se ligue alors et déclare la guerre à Walker en février 1856. Le 20 mars, au terme d'une courte bataille de quatorze minutes, les trois cents flibustiers de Walker sont mis hors de combat aux abords de l'hacienda

Cultures de café, Turrialba.

Santa Rosa, devenue monument national dans le parc du même nom. Walker se réfugie à Rivas (Nicaragua) dans une maison de bois qui sera incendiée par le jeune tambour volontaire Juan Santamaría (qui deviendra et reste toujours le héros national). Devant ces défaites, les financiers américains abandonnent Walker qui, en 1860, se jette en pâture aux Honduriens, en persistant à se déclarer leur président légitime. Il sera exécuté cette même année. Sur sa tombe, on peut lire : « Gloire aux patriotes qui ont libéré l'Amérique centrale de ce pirate sanguinaire. Malédiction à tous ceux qui l'ont aidé et supporté. ». Mora, le libérateur, n'aura pas non plus une fin glorieuse. Jugé trop ambitieux, accusé d'être responsable d'une épidémie de choléra et d'avoir trafiqué les élections de 1859, il échouera dans sa tentative de reprise du pouvoir et sera exécuté. En 1870, le général Tomás Guardia fait un coup d'État militaire et reste au pouvoir jusqu'en 1882. Durant ces années, il impose un gouvernement stable qui permet le développement d'avancées sociales. Les impôts tirés du café servent à subventionner les travaux publics ; les écoles et collèges connaissent un énorme essor. La peine de mort est abolie, la Constitution est adoptée en 1871, la construction du chemin de fer appelé « le train de la banane » est lancée.

La banane

À la suite de l'augmentation des exportations de café, il devenait indispensable de relier les côtes Atlantique et Pacifique. Un Anglais, William Le Lacheur, avait déjà ouvert, par hasard, la côte Atlantique au commerce du café. Mais l'expansion complète ne viendrait qu'avec un port praticable à l'est du pays. En 1871, on décida la construction d'un chemin de fer reliant le centre du Costa Rica à Limón. On fit appel au constructeur américain de lignes ferroviaires au Pérou et au Chili, Henry Meiggs.

C'est son neveu Minor C. Keith qui mena à bien ce terrible chantier en 1890, mais à quel prix ! Les Jamaïcains, débarqués sur la côte Caraïbe, y fondèrent ainsi une communauté encore très présente aujourd'hui.En 1899, le Costa Rica est le premier producteur de bananes du monde. C'est le moment que choisit Keith pour fonder l'United Fruit Company : monopolisant ainsi la production et la commercialisation de la banane, le pays passe alors sous dépendance économique des États-Unis. L'United Fruit Company devait être ensuite de première importance dans le développement socio-économique (et politique) de plusieurs pays d'Amérique centrale et source de très vives controverses. Ce n'est qu'en 1934, après de violents conflits, que les choses s'arrangent : de meilleures conditions de travail sont garanties aux ouvriers de cette multinationale dont les bénéfices n'ont profité qu'à des étrangers.

Le Costa Rica moderne

Don Pepe (José Figueres), qui ne gouvernera que dix-huit mois, met au point une nouvelle Constitution (l'actuelle) qui interdit toute réélection immédiate à la présidence. Il déclare illégaux le Parti communiste (toujours officiellement interdit) et les syndicats de travailleurs qui le suivent, abolit l'armée, accorde le droit de vote aux femmes et aux Noirs. Dans les années 1960 et 1970, le gouvernement visait l'autosuffisance agricole puis industrielle, projet encouragé par une croissance économique positive et constante. D'énormes efforts de développement et de modernisation sont entrepris : achat de matériel performant, construction d'usines et généralisation de l'utilisation d'engrais et pesticides. Mais tout cela coûte cher, la dette extérieure s'alourdit. À la veille de la crise pétrolière des années 1970, le Costa Rica est devenu, de par son industrialisation, dépendant du pétrole et des matières premières achetées grâce aux bananes, au café et au sucre, principales exportations du pays. En 1974, la baisse des prix sur ces trois produits est catastrophique. En 1979, l'effondrement du marché du café a failli être fatal au pays.À la fin des années 1970, l'économie du Costa Rica n'est guère florissante et la précarité politique de ses voisins (particulièrement le Nicaragua et le Salvador) ternit quelque peu sa réputation de stabilité en empêchant la création d'un marché commun centraméricain. Le pays plonge dans le marasme économique et dans l'insécurité. En 1982, le président Luis Alberto Monge déclare la neutralité totale du Costa Rica tandis que la crise économique atteint son paroxysme. De lourdes mesures sont prises pour enrayer la chute du pays qui risque de suivre son voisin Nicaragua dans la guerre civile.

Le prix Nobel de la paix : Oscar Arias Sanchez

Oscar Arias Sánchez, économiste et avocat élu à la présidence en 1986 et respectueux du principe de neutralité, va intensifier l'effort de paix en Amérique centrale. Il commence par interdire les bases établies dans le nord du pays (dont la fameuse piste de Santa Rosa, Guanacaste, révélée lors de l'Irangate). Son combat aboutit à un plan de paix : Esquipulas II (plan de paix pour l'Amérique centrale, il fut dans un premier

© ICT (INSTITUT COSTARICIEN DE TOURISME)

Catedrál Metropolitana.

temps en « conflit » avec le président Reagan), entériné le 7 août 1987 par les chefs d'État du Nicaragua, du Salvador, du Honduras et du Guatemala. Même si l'Occident doutait de la crédibilité de cette entente, le plan de paix connut un grand retentissement en Amérique centrale. Oscar Arias Sánchez reçut le prix Nobel de la paix en 1987 pour avoir engagé et imposé ce processus de paix en Amérique centrale. L'espoir renaissant encouragea le décollage économique. Le Costa Rica en cours de modernisation allait bientôt découvrir le tourisme. Le 7 avril 2002, « don » Abel Pacheco est élu président de la République. Candidat conservateur du PUSC (Parti de l'unité sociale-chrétienne), il paraît être dès son élection l'homme de la situation en ce qui concerne les aspects sociaux, à la traîne, du Costa Rica. Comme il est très apprécié, sa tâche est comprise par tous, mais les attentes de ses électeurs sont immenses. Entre autres actions, il doit s'attaquer aux très lourds dossiers de la drogue qui transite par son pays (la filière colombienne), du blanchiment de narcodollars, du déficit fiscal, de la modernisation agricole et de la privatisation des services publics. Deux ans plus tard, l'enthousiasme soulevé par son élection est oublié et les Costariciens, souvent déçus par la prise de position de leur président, qui a ouvertement soutenu les États-Unis en mars 2003, découvrent chaque jour que leurs élus sont impliqués dans des scandales financiers... Succédant pour un mandat de quatre ans au social-chrétien Abel Pacheco, Oscar Arias aura pour priorités, réaffirmées, l'éducation, l'amélioration des infrastructures, notamment routières, et la ratification parlementaire de l'accord de libre-échange avec les États-Unis, le CAFTA (Central American Free Trade Agreement). Comme la socialiste chilienne Michelle Bachelet, Oscar Arias Sánchez est un fervent partisan du libre-échange continental.

© PEPEIRA, TOM – ICONOTEC

Stèle à la mémoire de Leòn Cortes, San José.

Aujourd'hui

En 2010, Laura Chinchilla (Parti de Libération Nationale), vice-présidente du gouvernement Arias, est élue Présidente du Costa Rica. Elle a plusieurs priorités : la lutte contre l'insécurité, la protection de l'environnement, la création de nouveaux emplois, notamment dans la construction, et l'extension de la couverture médicale aux populations les plus démunies. Cependant, contrairement à son prédecesseur, elle est contre le mariage homosexuel, la légalisation de l'avortement et totalement opposée à la transformation du Costa Rica en État laïc. Elle est également confrontée aux tensions entre agriculteurs et pionniers du tourisme durable, car le développement des infrastructures touristiques grignote peu à peu les terres et son impact sur l'environnement n'est pas toujours bénéfique, malgré l'engagement écologiste des pouvoirs publics. Enfin, le pays envisage de devenir la première économie neutre en carbone en 2020. Luis Guillermo Solis, centre-gauche, la remplace suite aux élections d'avril 2014 et poursuit cette ambitieuse politique, avec une attention toute particulière mise sur les énergies renouvelables. Il entend renforcer la lutte contre la corruption qui a entaché le mandat précédent, qu'elle soit liée à des malversations politiques (selon lui, plus faciles à résoudre) ou à de l'incompétence (ce qui nécessite une nouvelle culture de l'administration publique), et souhaite mettre en place une démocratie efficace, transparente et intègre. Il s'engage aussi dans la lutte contre la pauvreté (21 % des Ticos sont considérés comme pauvres, dont 7 % en situation d'extrême pauvreté) et pour la relance de la croissance économique (idéalement, elle devrait être de 6 % chaque année). Ce « monsieur tout le monde », pour qui la pura vida se définit comme un état de tranquillité intérieure, confiait au printemps 2015 à une télévision française être résolument optimiste : « Comment ne pas l'être ? J'ai été élu à 80 % alors que j'étais placé en 4e position dans les sondages ! » Toujours est-il qu'après ses quatre années de pouvoir, en mai 2018, alors qu'il passe le flambeau à Carlos Alvarado (du Parti Action Citoyenne), les chiffres parlent d'eux-mêmes : le Costa Rica va de mieux en mieux. Mais la situation économique va se gâter et Alvarado va promulguer une loi dès la rentrée 2018 qui va notamment augmenter les impôts et baisser les salaires de la fonction publique. Un coup de tonnerre qui va précipiter son impopularité et provoquer la plus grande grève générale depuis 20 ans.

POPULATION

Démographie

La population du Costa Rica, bien que souvent d'origine européenne, est largement métissée, les vagues de migrants ayant chacune apporté leur couleur, du blond cendré au brun. La Vallée centrale, où vit plus de 50 % de la population, est la plus « européenne », avec 95 % de la population originaire du vieux continent. Les Ticos y sont espagnols, anglais, allemands, suisses, polonais... La côte Atlantique se différencie par sa population d'origine jamaïcaine. Arrivés au XIXe siècle lors de la construction du chemin de fer, les Jamaïcains ont longtemps conservé de leur île toute proche leur culture et leur langue, l'anglais, encore majoritaire sur la côte. Les Jamaïcains, longtemps ignorés par le pays, ne sont considérés comme des citoyens libres que depuis une cinquantaine d'années. De nos jours, le pays revendique ses origines multiculturelles et les célèbre au travers de deux fêtes aux noms un peu étonnants : le 19 avril est la fête des aborigènes et le 31 août celle des Noirs. Les différents apports culturels se reconnaissent dans les noms de lieux, l'artisanat et la gastronomie.

Langues

La langue officielle est l'espagnol. En réalité, c'est plutôt le castillan, qui a la réputation d'être l'un des plus purs d'Amérique latine, mais il est actuellement tellement coloré que l'on se demande à quand remonte cette pureté. Il n'existe pas de dénomination commune pour regrouper les langues indiennes du Costa Rica. On les distingue en fonction d'un territoire ou d'un peuple indigène.

Promenade à cheval, au pied du volcan Arenal, La Fortuna.

Les langues indigènes parlées au Costa Rica sont le bribri, maleku, guaymí, cabécar et boruca. Cependant, ces communautés indigènes représentent seulement 1 % de la population et occupent 350 000 hectares du territoire. C'est pour cette raison qu'on ne les parle que dans des régions isolées comme la chaîne montagneuse de Talamanca.

Mode de vie

Place de la femme. Les femmes tiennent une grande place dans la société costaricienne. Elles sont près de 50 % à travailler, mais, comme ailleurs, leur salaire est nettement inférieur à celui des hommes et elles sont plus touchées par le chômage ou la précarité. Qu'à cela ne tienne, quand la situation devient difficile, que le mari perd son emploi ou ne gagne plus suffisamment, les femmes prennent l'initiative de la reconversion : la plupart des coopératives rurales sont organisées et gérées par des femmes. Depuis 1999, un décret tente de garantir la parité hommes-femmes et les autorités soutiennent les mères isolées (la moitié des foyers) qui peuvent obliger le père des enfants à participer à leur éducation, test ADN à l'appui si nécessaire.

Une loi oblige également tout touriste qui a mis enceinte une femme costaricienne à lui verser une pension alimentaire d'un an avant de quitter le territoire. Si ce dernier refuse, il est arrêté à la frontière et ne peut pas quitter le pays tant qu'il n'a pas réglé l'intégralité de la somme.

Si le contrôle des naissances et le divorce sont depuis longtemps acceptés par l'Église costaricienne encore puissante, l'avortement est encore illégal sauf en cas de danger pour la mère.

Homosexualité. Depuis les années 1970, les homosexuels se sont battus pour obtenir des droits et ne plus être victimes de discrimination. En 1998, une loi interdit toute forme de discrimination à l'emploi concernant l'orientation sexuelle des personnes. Au niveau de la société, de nombreux établissements *gay friendly* existent dans le pays, notamment à San José, Manuel Antonio et Puerto

Basilique Notre Dame des Anges.

Viejo. Dans la vie de tous les jours, il est toutefois rare de rencontrer des couples homosexuels costariciens se baladant main dans la main. Dans ce pays aux valeurs familiales traditionnelles, 73 % de la population est contre le mariage gay. Et ce fut une surprise que de voir les députés, notamment les conservateurs, voter pour légaliser (accidentellement) le mariage homosexuel le 1er juillet 2013. Seulement, nulle était leur intention. Puisque les députés n'avaient même pas lu la proposition de loi. Le texte modifie l'article 22 du Code de la Famille et reconnaît « sans discrimination contraire à la dignité humaine, des effets sociaux et économiques des unions de fait, notoirement constituées, uniques et stables, et dans une situation pouvant les faire prétendre à un mariage depuis plus de trois ans » . Ce qui signifie que les couples hétérosexuels et homosexuels se verront accorder, au bout de trois ans de vie commune, les mêmes droits et avantages financiers que les couples mariés. Paniqués à cette idée, de nombreux députés ont demandé à la présidente Laura Chinchilla d'opposer son veto au projet de loi. La présidente – connue pour être conservatrice et très proche des valeurs catholiques, elle est contre l'avortement – a cependant décidé de promulguer la loi en l'état. Enfin le 9 janvier 2018, la Cour interaméricaine des droits de l'homme exige et requiert la légalisation du mariage homosexuel. En raison de cette décision juridique, le Costa Rica doit légaliser le mariage homosexuel et donner aux couples de même sexe tous les droits qui en découlent. Le Costa Rica est donc tenu de se plier à cette décision et légifère en ce sens au mois de mai 2020.

Religion

La Constitution costaricaine proclame la liberté absolue de culte. 85 % des Costariciens pratiquent le catholicisme, religion d'État. Sainte patronne du Costa Rica, la Virgen de los Angeles, aussi connue comme La Negrita, est le plus important symbole de la religion catholique. Chaque 2 août, la tradition de la Romería fait converger les pèlerins jusqu'à la cathédrale de Cartago.Une église catholique est située au cœur de chaque ville ou village, à côté de l'école et du terrain de foot. 13 % de la population est de confession protestante ou anglicane. Un peu moins de 30 000 personnes sont adeptes de religions extrême-orientales.Issu des migrants chinois, japonais et coréens, le bouddhisme est plus fortement implanté au Costa Rica que dans les autres pays d'Amérique centrale.

Le bouddhisme tibétain est le plus représenté et compte trois temples. Quant à l'islam, environ 1 500 musulmans peuvent exercer leur culte dans une mosquée sunnite ou chiite.La communauté juive, regroupée à San José, compte environ 3 000 juifs. San José dispose d'une synagogue réformiste et d'une école allant de la prématernelle au lycée. Les Églises baptiste ou adventiste sont plus nombreuses sur la côte Atlantique. Quelques centres de Témoins de Jéhovah se sont installés dans les campagnes. Enfin, les principales populations indigènes – les Bribris, les Cabécars et les Borucas – sont partagées entre divers courants religieux et chamaniques. Les Cabécars sont encore nombreux à croire en un Dieu unique et créateur de l'Univers connu sous le nom de Sibö.

ARTS ET CULTURE

La vie culturelle du Costa Rica est à l'image de son peuple, discrète. En effet, le pays est beaucoup plus célèbre pour sa nature que pour sa culture. Contrairement à ses voisins comme le Nicaragua, le Guatemala ou le Mexique, il n'y a pas de pyramides, pas de vestiges majeurs, pas de signes forts des cultures qui se sont croisées comme celles des Mayas, Aztèques ou Incas. L'héritage précolombien est donc bien faible. Il en est de même pour l'héritage colonial : son histoire a été si tranquille qu'elle n'a pas suscité le développement d'une culture majeure. Il n'y a pas de villes coloniales, peu d'artisanat. Pourtant le métissage de la société, le renouveau de l'intérêt amérindien, l'influence de cultures afro-américaine, colombienne, un peu asiatique, et aussi nord-américaine se font aujourd'hui sentir et offrent un tissu propre à un développement culturel intéressant.

Architecture

L'architecture costaricienne est une invitation à découvrir le métissage culturel et social. Ce petit État d'Amérique centrale a été le lieu de destructions liées notamment à de violents tremblements de terre ou éruptions volcaniques. Liée à l'histoire, aux traditions du pays, à l'importation de modèles internationaux, la capitale de San José est le résultat de tous les styles. Ici se mélangent les quartiers de classe moyenne avec les

Que rapporter de son voyage ?

Quand on pense à rapporter des souvenirs et faire quelques emplettes au Costa Rica, c'est vers l'artisanat en premier lieu que l'on se tourne. Des sacs de style guatémaltèque colorés aux tee-shirts à la gloire de la flore et de la faune tropicales ou frappés d'un « pura vida » typique, en passant par les hamacs en macramé et les figurines multicolores, le choix est vaste. Le mieux est de se concentrer sur le grand choix de produits artisanaux provenant des régions indiennes, des réserves mêmes où souvent les femmes ont créé des coopératives artisanales. À part San José où vous trouverez de nombreuses boutiques de souvenirs, Sarchí reste le village de l'artisanat du bois. Vous y trouverez charrettes, rocking-chairs et reproductions d'oiseaux en bois ainsi que des collections impressionnantes de magnets, mugs, porte-clés ou cendriers, tous à l'effigie de grenouilles, quetzals ou morphos. À Boruca ou Palmar Norte, vous aurez l'embarras du choix parmi des masques peints à la main ou non, de tailles différentes, avec des figures différentes ou des symboles de la nature costaricienne. Ne manquez pas d'en rapporter un. D'autant que c'est un objet de décoration unique en son genre.

habitations populaires ; les hôtels de luxe avec les maisons d'influence caribéenne, néocoloniale ou victorienne ; les églises néo-romanes et néogothiques avec les bâtiments publics et les grands centres commerciaux.

Cinéma

L'industrie cinématographique n'est pas très développée au Costa Rica, mais de jeunes talents émergent comme la réalisatrice Paz Fabrega, née en 1979 à San José. Elle a signé le long-métrage *Agua fría de mar*, sorti en janvier 2010 en France, récompensé par un Tig Award au festival du film de Rotterdam. À la fois intimiste et féministe, ce film retrace l'histoire d'un couple costaricain qui recueille une fillette fugueuse sur la côte Pacifique.Côté scène, Harry Shum Jr., né en 1982 à Puerto Limón, d'origine chinoise et danseur de profession, s'est illustré dans plusieurs fictions pour adolescents. Il a déménagé très jeune à San Francisco, ce qui lui a permis de jouer dans des films de danse comme *Steppin'*, *Sexy Dance 2* et *Sexy Dance 3*, ou bien le film d'action *Tigre et Dragon 2*. Il incarne Mike Chang dans *Glee*, une série télévisée musicale très populaire.

Danse

Au Costa Rica, comme dans la plupart des pays d'Amérique latine, si on ne danse pas, ce n'est pas une fête. Tous les prétextes sont bons pour se retrouver sur *la pista*. Jusqu'au début du XXe siècle, la danse était un mélange de styles hérités des cultures précolombiennes et de la colonisation espagnole. Les influences afrocaraïbes sont arrivées en même temps que les ouvriers jamaïcains venus travailler sur les lignes de chemin de fer à

© ICT (INSTITUT COSTARICIEN DE TOURISME)

Artisant de Sarchí.

la fin du XIXe siècle. Inscrit au Patrimoine culturel immatériel de l'humanité par l'UNESCO en 2012, le swing criollo est plus qu'un genre musical. C'est une danse typiquement tica ! Fusion entre le swing américain et la cumbia colombienne, cette danse est apparue dans les années 1960, certainement grâce aux camionneurs qui voyagent en Amérique centrale. Considérée dans les années 1970 comme vulgaire, elle est interdite dans certains salons de danse de la capitale. Aujourd'hui, le swing criollo est une danse populaire adoptée par toutes les classes de la société. C'est une référence au point qu'elle est même dansée pour les fêtes de Noël par les Costariciens. De la soca à la salsa, en passant par la cumbia et le merengue, pour se fondre parmi les Ticos fous de rythmes, il n'est nul besoin de connaître tous les pas et subtilités des danses latines. Il suffit de vous laisser porter par le rythme et pour les femmes, de se laisser guider sans aucune timidité et beaucoup d'enthousiasme.

Littérature

Le Costa Rica n'ayant pas connu dans son histoire de guerres ni de grands mouvements sociaux, qui sont souvent à l'origine d'une littérature engagée, les ouvrages et leurs auteurs connus sont rares. Un auteur connu, et reconnu même hors du pays, est Carlos Luis Fallas qui écrivit *Mamita Yunai*, livre décrivant les conditions atroces des *bananeros* (ouvriers des bananeraies) de l'United Fruit Company (la Pieuvre). Un des auteurs parmi les plus aimés est José León Sánchez, Indien Huetar d'origine, qui fut condamné à quarante ans de prison (il aurait cambriolé une basilique). Illettré à son incarcération, il apprit à lire et à écrire tout seul. Il écrivit en cachette *La Isla de los hombres solos*, qui fut un immense succès. Libéré au bout de vingt ans, il rédigea de nombreux autres romans. Un autre auteur parmi les plus connus est Carmen Naranjo qui fut ministre de la Culture. Son livre majeur, en espagnol, s'intitule *En esta tierra redonda y plana*. La poésie est représentée par le poète Jorge Debravo de condition modeste, adepte de Pablo Neruda. Malgré sa courte vie – mort à 29 ans –, il a laissé une œuvre poétique importante et très appréciée au Costa Rica. « Padre, púntame la paz en la palma de la mano » (« Père, dessine-moi la paix dans le creux de la main ») est l'une de ses belles pensées.

Musique

Au croisement des cultures, le Costa Rica a développé une certaine richesse musicale. On y écoute aussi bien des mélodies latines traditionnelles telles que le merengue, la salsa ou la cumbia que du calypso né dans la communauté afro-caribéenne. Sans oublier l'influence des États-Unis avec le jazz, le rock ou encore le hip-hop. De nombreux groupes costariciens sont les héritiers directs de cette diversité culturelle. Parmi eux, le Taboga Band qui mêle salsa et jazz, ou encore le groupe de salsa Los Brillanticos, célèbre pour avoir joué avec la star cubaine Celia Cruz. La musique costaricienne a été révélée au grand public en 1999 puis en 2002 grâce au groupe Editus qui a remporté le Grammy Award avec le chanteur panaméen Rubén Blades, en incorporant des éléments de musique classique contemporaine, du jazz, mais aussi avec des instruments et des rythmes irlandais, arabes et afro-cubains. La soprano Iride Martínez a chanté avec l'émérite ténor Plácido Domingo tandis que les chanteurs de renommée internationale nés au Costa Rica comme Chavela Vargas ou Julita Cortés (chanteuse du groupe Los Machucambos) ont eu l'honneur de se produire à l'Olympia. Pour ceux qui souhaiteraient pousser la chansonnette, le pays compte des bars-restaurants où est organisé au moins une fois par semaine un karaoké (un vrai sport national !). En général, les *Ticos* y chantent des chansons d'amour costariciennes ou mexicaines tristes à pleurer. Vous pouvez toujours vous y essayer. N'hésitez pas à demander des titres anglophones ou francophones pour partager les cultures musicales, les *Ticos* y sont très ouverts. Enfin, l'instrument local est le *marimba*, inscrit au Patrimoine culturel immatériel de l'UNESCO depuis 2010. Entre orgue et xylophone, issu d'un mélange entre des instruments précolombien et africain, il peut mesurer 2 mètres de long ! Vous verrez peut-être des musiciens jouer contre quelques pièces sur les places des villages.

Musée d'Art moderne.
© PEPEIRA, TOM – ICONOTEC

Peinture et arts graphiques

Longtemps prisonniers des représentations impressionnistes européennes, les peintres costariciens sont arrivés à sortir du bois dans les années 1920 grâce à des artistes comme Fausto Pacheco qui ont peint des paysages typiques du Costa Rica dans un style pittoresque.
En fondant le Cercle des amis de l'art, le peintre-sculpteur, Max Jiménez a ouvert à ses contemporains la voie vers l'art d'avant-garde et l'une des expressions artistiques favorites dans le pays : la peinture murale. En effet, la technique murale est alors devenue le mode d'expression le plus repris dans les années 1950-1960. Les œuvres à ne pas manquer d'observer se situent dans les établissements publics ou étatiques comme *la fresque Médecine indigène et médecine préventive* de Francisco Amighetti dans la Policlinique de la Caisse d'assurance sociale costaricienne ; la *Fresque spatiale* de Manuel de la Cruz González au ministère des Finances (ancienne Banque Anglo-Costaricienne) ; *la fresque Maternité célibataire* de Margarita Bertheau à la Maternité Carit. En 1971, la peinture costaricienne prend un nouveau tournant lors de la Première Biennale centraméricaine de peinture. L'art abstrait laisse la place à des œuvres empreintes d'un fort expressionnisme. Des performances et des installations voient le jour et l'utilisation du collage, et plus tard de la vidéo, apparaît chez des artistes. La photographie ne reste pas à la traîne puisqu'elle devient aussi un art d'importance majeure avec Carlos Jinesta.
L'identité de l'art costaricien s'est forgée en cassant les codes traditionnels et se libérant des vieux moules qui le contraignaient. Preuve en est aujourd'hui, au musée d'Art contemporain de San José, vous pourrez admirer les peintures des artistes costariciens en vogue ; certains s'exportent même dans les galeries new-yorkaises et du monde entier.

Fête taurine, Parque Nacional Guanacaste.

Templo de la Musica.

Sculpture

Les *carretas* sculptées de Sarchí et les objets en céramique des Indiens Chorotega, sur la péninsule de Nicoya, sont un grand succès pour la sculpture traditionnelle costaricienne. Zúñiga et Juan Manuel Sánchez ont ravivé les traditions indigènes par l'utilisation du bois et de la pierre. Chez Zúñiga, la sphère est l'élément clé de ses monumentales sculptures de femmes, tandis que Sánchez aime représenter les animaux rois du Costa Rica. L'œuvre la plus magistrale de Zúñiga est la sculpture *Maternité* exposée dans un établissement emblématique de la capitale : l'Hôpital de la Femme. La sculpture costaricienne contemporaine est reconnue et distinguée à travers le monde. Elle s'expose partout, sous toutes les formes, et naît de matériaux différents et nobles. C'est le cas de la sculpture *San Marcelino Champagnat* de Jorge Jiménez Deredia exposée au Vatican, dans la Basilique Saint-Pierre, des animaux fétiches du Costa Rica taillés dans le marbre par José Sancho, des créations fondues dans du bronze d'Olger Villegas ou des œuvres écologiques de Crisanto Badilla.

Théâtre

Le théâtre est très apprécié au Costa Rica. De nombreuses salles dans les quartiers et un grand théâtre offrent à San José une intéressante activité théâtrale, certainement du fait que les cours de théâtre firent partie du programme scolaire dès le XXe siècle. Le gouvernement désirant un grand théâtre, le Théâtre national fut à l'origine construit avec les revenus d'une taxe sur le café : de style très « européen », c'est l'un des monuments les plus célèbres de San José. Il accueille des pièces de théâtre, des opéras, des ballets ainsi que toutes sortes de représentations culturelles de niveau national.

FESTIVITÉS

Janvier

DIA DE LOS REYES

C'est le jour de l'Epiphanie (fête des rois) qui marque la fin des fêtes de Noël. En famille ou entre voisins, on se réunit pour faire une prière commune basée sur le chapelet et les chants de Noël. Processions, sérénades et rosaires sont au programme. Après la prière, il y a du café avec des tamales, rompope, aguadulce et toutes sortes de pâtisseries typiques et des boissons que l'on partage.

Mars

SEMANA SANTA

La Passion du Christ et sa mort sont reconstituées à travers des processions dans tout le pays. Le Jeudi-Saint et le Vendredi-Saint sont fériés et souvent prétexte à une semaine entière de vacances. C'est également à cette période qu'a lieu le pèlerinage d'Ujarrás : des centaines de croyants parcourent à pied la distance entre Cartago et les ruines de la plus ancienne église du Costa Rica. Cela peut être l'occasion de visiter la très belle vallée d'Orosí.

Avril

DIA DEL ABORIGEN

Dans les écoles, les enfants se déguisent pour fêter les tribus que comptent le pays.

PÂQUES

Tous les magasins sont fermés du jeudi au dimanche. Nombreuses processions dans tout le pays. Pensez à réserver vos nuits d'hôtel.

Mai

FIESTA DE SAN ISIDRO

San Isidro, fête des travailleurs mais aussi de l'agriculture. Toutes les villes portant le nom du saint patron des paysans font la fête (bénédiction du bétail et des récoltes).

Août

FIESTA NUESTRA SEÑORA DE LOS ANGELES

Fête de la Vierge noire, patronne du pays, Notre-Dame-des-Anges (Nuestra Señora de los Angeles, la Negrita), jour férié. Un pèlerinage part à pied de San José pour atteindre Cartago dans la nuit du 1er au 2 août. Les fidèles viennent de toute l'Amérique centrale pour y participer ainsi qu'à la messe donnée le 2 sur le parvis de la basilique de Cartago et à la procession jusqu'à l'église du Carmel.

Septembre

FIESTA NACIONAL

Fête nationale (fête de l'Indépendance – par rapport à l'Espagne, 1821), jour férié. Une flamme de la Liberté, partie du

Carnaval de Limón.

Guatemala quelques jours auparavant, traverse les pays d'Amérique centrale. Le 14, à 18h précises, elle est interceptée à San José, lors d'une retraite aux flambeaux (*desfile de faroles*), l'une parmi les nombreuses organisées dans tout le pays. À 18h également, nul ne saurait manquer l'hymne national chanté solennellement à travers tout le pays.

Octobre

CARNAVAL DE LIMÓN

PUERTO LIMÓN

Le carnaval dure environ une semaine au mois d'octobre pendant laquelle on élit la Reine. C'est l'une des plus grandes fêtes du pays et le premier jour du Carnaval débute sous le nom de Journée des Cultures, *el Día de las Culturas,* qui comprend généralement le chant, la danse et le *calypso*, une musique afro-caraïbe originaire de Trinité-et-Tobago.

Tout le monde se rassemble pour honorer les différents groupes ethniques vivant dans la région (Africains, Chinois, Italiens en passant bien évidemment par les populations autochtones). C'est l'une des plus grandes fêtes du pays.

Décembre

RÉVEILLON DE NOËL

Après avoir englouti le *tamal* et la *pata de chancho*, on se rend à la *misa del gallo* (messe du coq) qui se déroule entre 20h et 21h. Selon la tradition, l'Enfant Jésus apporte lui-même les cadeaux qui sont disposés autour du lit des enfants. L'arbre de Noël est ici un cyprès.

CUISINE LOCALE

Produits et spécialités

Les éléments de base de la cuisine typique costaricienne sont le riz (*arroz*), les haricots noirs ou rouges (*frijoles*), les bananes plantains, les œufs, les légumes, la chayotte, le yuca (manioc), le poulet, le bœuf et les poissons.

Après, ce sont des variations avec sauce, oignons et petits légumes. Les plats sont très peu épicés, voire fades, mais une petite bouteille de *salsa* Lizano, de *chilero* ou de Tabasco traîne toujours sur les tables des restaurants. Les *casados*, riz et haricots mélangés à toutes sortes de légumes, sont plus goûteux. Bœuf, porc, poulet ou poisson (*pescado*) accompagnent ces légumes. Quand il y a du poisson, il est toujours très frais, mais il vaut mieux le commander grillé (*a la plancha*).

© LAURENT BOSCHERO

Assiette de fromage de Turrialba.

Boissons

L'eau est potable dans presque tout le pays, seule celle des zones un peu reculées peut être un sujet de méfiance... Si vos craintes persistent, on trouve dans les épiceries et les supermarchés de l'eau de source locale (de *manantial*) en bouteille. Les sources pures étant très nombreuses, le marché des eaux, rentable, devrait encore se développer.

De toute façon, on boit peu d'eau au Costa Rica, mais plutôt des jus de fruits (banane, ananas, goyave, mûre, *tamarindo*, mangue, pastèque...) mélangés à de l'eau ou à du lait (*refrescos* ou *frescos naturales* et *batidos*). Les boissons sucrées gazeuses sont nombreuses, locales ou d'origine nord-américaine, mais toujours fabriquées sur place (Fanta, Coca-Cola, Pepsi...). À défaut de les boire fraîches, goûtez les boissons à l'aloe vera ou les jus de fruits de la marque Natural, ils sont très bons. Mais une fois que vous serez habitué aux jus de fruits frais, ils pourront vous paraître sans saveur.

Le café est bu à toutes les heures et partout. Dans les bureaux, les agences ou les musées, il y a toujours une cafetière pleine à disposition des employés et des clients. On boit moins

© HELOVI – ISTOCKPHOTO.COM

Gallo Pinto.

de thé, mais on en trouve presque partout, d'autant qu'il est produit sur place par Manzaté.

Habitudes alimentaires

Le petit déjeuner (*el desayuno*) est le repas le plus important de la journée. Celui qu'on retrouve dans tous les foyers costariciens et qu'on vous proposera quasi systématiquement dans les structures hôtelières est le *gallo pinto*. C'est le vrai petit déjeuner tico composé d'un plat de riz et de haricots noirs frits ensemble et assaisonnés de coriandre, de bananes plantains frites, de fromage et d'œufs brouillés ou au plat (*huevos revueltos o fritos*), le tout accompagné de *tortillas con natilla* (petites galettes de maïs que l'on trempe dans un bol de crème).

Les couleurs du plat rappellent les plumes d'un poulet local ! Un vrai délice et un vrai festin dès le réveil que certains ne pourront assumer durant tout un séjour. Un petit déjeuner plus « continental » peut remplacer le traditionnel *gallo pinto*. Il est alors constitué de fruits, de pain et de confitures (faites maison pour les bonnes adresses !) de mangue, ananas, mûre, carambole, goyave, de *café negro* (ou *con leche*) ou de *té negro* (ou *verde*), et de céréales. Du fait d'un petit déjeuner généralement très copieux, le déjeuner (*el almuerzo*) est assez léger et se prend entre 11h et 15h. En général, il s'agit du *casado*. C'est aussi un plat traditionnel tico composé de riz, de haricots noirs, de viande de bœuf ou de poulet ou encore de poisson, accompagné de quelques bananes frites.Le soir, le dîner (*la cena*), plutôt sommaire, est prétexte à se rassembler autour d'une table. Cependant toutes ces habitudes ont tendance à changer et le repas du soir devient important, surtout en fin de semaine, car il est un repas de fête.

SPORTS ET LOISIRS

Canopy

Une idée originale pour mieux découvrir la forêt... Puisque la plupart des animaux vivent dans les hauteurs des arbres, pourquoi ne pas aller les observer là où ils sont ? C'est ce que se sont dit les créateurs de cette activité au Costa Rica. En général, une équipe de grimpeurs professionnels vous emmène sur des plates-formes aménagées dans les arbres les plus hauts de la forêt. Vous observez les différents habitats au plus près, puis la descente s'effectue en glissant le long d'un câble tendu au-dessus et à l'intérieur de la forêt (tyrolienne). Souvent sportifs, les *canopy tours* ont fait des petits : les circuits aménagés pour les moins téméraires se font sur des passerelles tendues entre les arbres. La sensation sportive est moindre, mais l'observation se faisant plus au calme et confortablement campé sur ses pieds, on voit beaucoup plus de choses du haut d'une passerelle. Vous trouverez quantité de *canopy tours* pendant votre voyage. Les tours sont sécurisés et régulièrement entretenus, mais avant de vous lancer inspectez bien le matériel ou faites semblant de vous y connaître en posant toutes les questions qui vous taraudent. Et en cas de doute, abstenez-vous...

Cyclotourisme

En saison sèche comme en saison verte, vous verrez – notamment en dehors des villes et tôt le matin – hommes et femmes grimper les pentes menant aux volcans de Poás ou de Turrialba (pour ne citer qu'eux) et se balader le long des

Tyrolienne au dessus de la rivière Sarapiqui, Heredia.

plages de la côte Pacifique ou Caraïbe. Des images verdoyantes aux panoramas océaniques en passant par les brumes des sommets volcaniques et les plantations de café, parcourir le pays à vélo – que cela soit à bicyclette, à VTT, en BMX ou MTB – est le meilleur moyen de découvrir les secrets bien gardés de ce paradis terrestre.

Équitation

Le cheval est, avec la marche à pied, le moyen de locomotion le plus utilisé dans les campagnes. Il est économique, propre et tout terrain. Les *Ticos* ont vite compris qu'ils pouvaient en retirer de substantiels revenus, de ce fait les propositions de balades à cheval sont monnaie courante dans le pays. Compter en moyenne 30 à 60 US$ pour 2 heures de balade par personne. Des agences se sont spécialisées dans cette activité et proposent des circuits aventure qui permettent de découvrir des endroits reculés et magnifiques. L'élevage de chevaux est réputé au Costa Rica ; le Pure, race espagnole, élevé dans les zones frontière costariciennes, à la cote.

Golf

Le Costa Rica est le pays vert de l'Amérique centrale. Quoi de plus normal que d'y séjourner pour retrouver le green des terrains de golf ? Le pays compte six golfs 18-trous et une vingtaine de 9-trous. Le premier golf du Costa Rica, créé en 1944, Cariari Country Club et le Parque Valle del Sol sont situés à proximité de San José. Dans le Guanacaste, on trouve Garra de Leon (Playa Conchal), Hacienda Pinilla (Playa Avellana) et le Golf Club du Four Seasons (Playa Papagayo). Enfin, sur

© ICT (INSTITUT COSTARICIEN DE TOURISME)

Golf, Heredia.

la côte Pacifique central, sur la plage d'Herradura, le Marriott Los Sueños dispose d'un golf club.

Plongée

De très belles plongées sont à faire au Costa Rica. Malheureusement, les courants transversaux dans certains secteurs, les fortes houles et les pluies violentes limitent souvent la visibilité. Les professionnels qui proposent cette activité ont pour la plupart leurs spots cachés qui vous permettront de rencontrer une raie manta ou un banc de barracudas. Playa Coco et Hermosa offrent de bons sites, et Isla Tortuga est un must. Le récif de Cahuita sur la côte Caraïbe et Isla del Caño au large de la péninsule d'Osa sont également de bons spots. Le rêve parmi les raies et les requins – donc très cher – reste la Isla del Coco.

Claudia Poll Ahrens

Sportive costaricaine, Claudia Poll a remporté trois médailles olympiques en natation et battu plusieurs records internationaux (1996). Élue sportive costaricienne du siècle en 1999, elle a donné son nom à quelques piscines aujourd'hui. Aux Jeux olympiques de Sydney, en 2000, elle a remporté deux médailles de bronze (200 m nage libre et 400 m nage libre) et s'est définitivement imposée comme l'une des grandes sportives d'Amérique centrale.

Laura Chinchilla

Politologue née en 1959, Laura Chinchilla est la première femme à accéder à la présidence du Costa Rica. Héritière et ancienne vice-présidente du président sortant Oscar Arias, elle l'a emporté dès le premier tour des élections en février 2010. Son orientation très conservatrice (déclarations contre le mariage homosexuel, limitation du droit à l'avortement), malgré le caractère social-démocrate de son parti, n'a pas suffi à maintenir sa popularité auprès des Costariciens, en majorité catholiques. Désavouée dès le milieu de son mandat, elle n'est alors plus appréciée de la majorité des Ticos. Luis Guillermo Solís lui succède à la tête de l'État en mai 2014.

Walter Ferguson

Né au Panama en 1919, Walter Ferguson est le père du calypso, style de musique afro-caribéenne aux multiples racines culturelles. Passionné de musique depuis sa tendre enfance, il grandit à Cahuita, dans la province de Limon, qu'il ne quittera jamais malgré le succès rencontré. Notamment célèbre pour avoir gardé son humilité et sa simplicité,

Marche annuelle de Nuestra Señora de los Ángeles, Cartago.

Rafting au Costa Rica.

l'auteur de *Cabin in the Wata*, *Callaloo*, ou encore *Carnaval Day* dépeint à travers ses paroles chargées d'humour et de poésie la vie des villages caribéens. Avec plus de 150 chansons composées, il est désormais devenu un mythe à l'échelle nationale et internationale. L'État costaricien lui a même attribué en 2017 le Prix national du Patrimoine culturel immatériel. En 2019, Walter Ferguson soufflait ses 100 bougies en même temps que la première célébration de la Fête nationale du calypso costaricain.

Keylor Navas

Keylor Navas fut l'une des révélations du Mondial de football brésilien de 2014. Né le 14 décembre en 1986 à San Isidro de El General, le gardien de but international n'a encaissé que 2 buts et a ainsi permis à la sélection costaricienne d'accéder aux quarts de finale. Quelques semaines plus tard, Navas signe dans le prestigieux club du Real Madrid où il va évoluer pendant 5 ans et gagner, entre autres, la bagatelle de trois Ligue des champions. À l'été 2019, il signe pour le Paris Saint-Germain et réussit parfaitement ses débuts dans le but parisien.

Oscar Arias Sánchez

Économiste de formation, Oscar Arias Sánchez entra rapidement en politique avec le soutien de « Don Pepe ». Il est élu président de la République en 1986. Rejetant le modèle économique libéral pour son caractère « individuel et égoïste », partisan de l'État-providence, il fut à l'origine du renouveau économique et social du pays. Sur le plan international, il est l'initiateur d'un plan global de paix dans la région incluant le Guatemala, le Honduras, le Salvador et le Costa Rica, et négocia le traité de paix Esquipulas II, « fiable et durable pour l'Amérique centrale », entre ces différents pays. Pour cela, il reçut le prix Nobel de la paix en 1987. Il est à nouveau élu président de la République en mai 2006 et est aujourd'hui toujours très populaire dans la population costaricienne.

Parque Nacional Volcán Poás.

VISITE

SAN JOSÉ ET SES ENVIRONS

SAN JOSÉ ★★

La province de San José se situe au cœur même du pays, au milieu de la vallée Centrale, et sa capitale est le centre de la vie sociale, économique, culturelle et, bien sûr, politique du Costa Rica. Les *Josefinos* et *Josefinas,* les habitants de San José, vivent sous un climat printanier toute l'année. Un éternel printemps dû à la combinaison des tropiques et de l'altitude ; il fait en moyenne 25 °C de décembre à avril (saison sèche) et 22 °C de mai à novembre (saison des pluies). On vous contera souvent la ville de San José comme une ville loin d'être agréable. Or, si vous y passez quelques jours, vous prendrez plaisir à aller à la rencontre des Josefinos et découvrir leur mode de vie. Souvent une parfaite introduction à la culture costaricienne, même si San José n'est pas tout à fait le Costa Rica.

Teatro Coluche de San José.

Secteur centre ★★

Le quartier centre regroupe une multitude de micro quartiers représentatifs de la ville. On remarquera dans l'ordre :

- **Le barrio Chino**, zone piétonne à l'image d'un petit Chinatown.
- **Le marché central (Mercado Central) et le marché Borbón** (marché aux charrettes) sont situés entre l'avenida 0 (Central) et les calles 6 et 7.
- **Le quartier de la Coca-Cola** (du nom de sa gare routière) qui est à éviter la nuit.
- **Le barrio Amón**, le plus central et le plus ancien, où l'on pourra apercevoir de magnifiques demeures de style espagnol.
- **Le barrio Otoya** (de la calle 7 à la calle 15 et entre les avenidas 7 et 11), de la même époque que le barrio Amón, est fréquenté pour son parc zoologique Simón Bolívar aux imposants arbres centenaires.
- **Le barrio Aranjuez** (entre les calles 15 et 23 et les avenidas 7 et 15) est reconnaissable à ses petites maisons en bois construites dans les années 1930.

- **L'église de la Solitude** a donné son nom au quartier La Soledad, qui s'étend entre les avenidas 4 et 6 et les calles 9 et 15.
- **La Merced**, appelée ainsi en référence à l'église Notre-Dame de la Merced, court entre les calles 0 et 10 et les avenidas 2 et 10.

CATEDRAL METROPOLITANA ★★★

Avenida 2/4, calle Central
✆ +506 2221 3820
www.arquisanjose.org
catedralmet@ice.co.cr
Face au Parque central.
La cathédrale de San José est un bijou architectural tout à fait singulier combinant styles néoclassique et baroque à l'extérieur et style colonial à l'intérieur. En 1813, alors qu'il est décidé de faire de San José la capitale du pays, les Espagnols souhaitent la construction d'une cathédrale en l'honneur de la foi catholique. C'est en 1825 que les travaux commencent sous les ordres d'Eusebio Rodríguez. L'église, devenue l'épicentre de cette religion, sera finalement inaugurée en 1827 et intronisée cathédrale en 1850, lorsque Anselmo Llorente y La Fuente fut nommé premier évêque du pays. Monument majeur à visiter en dehors des horaires de messe.

FERIA VERDE ★★

Polideportivo de Aranjuez
Calle 19
✆ +506 2280 5749
www.feriaverde.org
info@feriaverde.org
Si vous êtes à San José le samedi, vous ne pouvez pas rater la *feria verde*, un grand marché « vert » qui se tient le matin dans le barrio Aranjuez. L'accès à pied pour rejoindre le marché est original et donne un autre point de vue sur San José pour ceux qui n'ont visité que le centre-ville. À la féria, autour d'une pelouse et sous les arbres, les artisans et petits producteurs proposent de bons produits locaux et des cadeaux, le tout en musique, dans une ambiance très conviviale. L'occasion d'échanger quelques mots en espagnol avec les exposants. Notez que le *feria verde* est organisée grâce à la belle motivation d'un petit groupe d'habitants.

MUSEO DE LOS NIÑOS ★★

Avenida 9, calle 4
✆ +506 2258 4929
www.museocr.org
info@museocr.org
Perché sur la colline,
dans l'axe du Mercado Central.
Peut-être que depuis votre arrivée à San José, vous vous demandez ce qu'est cet énorme bâtiment aux couleurs presque choquantes, parfois surmonté de ballons, de drapeaux et autres banderoles. C'est une prison, ou plutôt l'ancien pénitencier de San José transformé en 1994 en musée pour les enfants (voir la série de photos avant/après !). Histoire, sciences, société... Ce n'est pas la Villette, mais le lieu est original et très bien réhabilité. Il abrite aussi l'auditorium national et des salles d'exposition dans les cellules. A présent, on y passerait volontiers la nuit. En plus de la visite, les enfants ne doivent pas bouder les ateliers où ils apprendront à construire une maison précolombienne ou à fabriquer des bijoux de style bribrí, mais les explications sont évidemment données en espagnol...

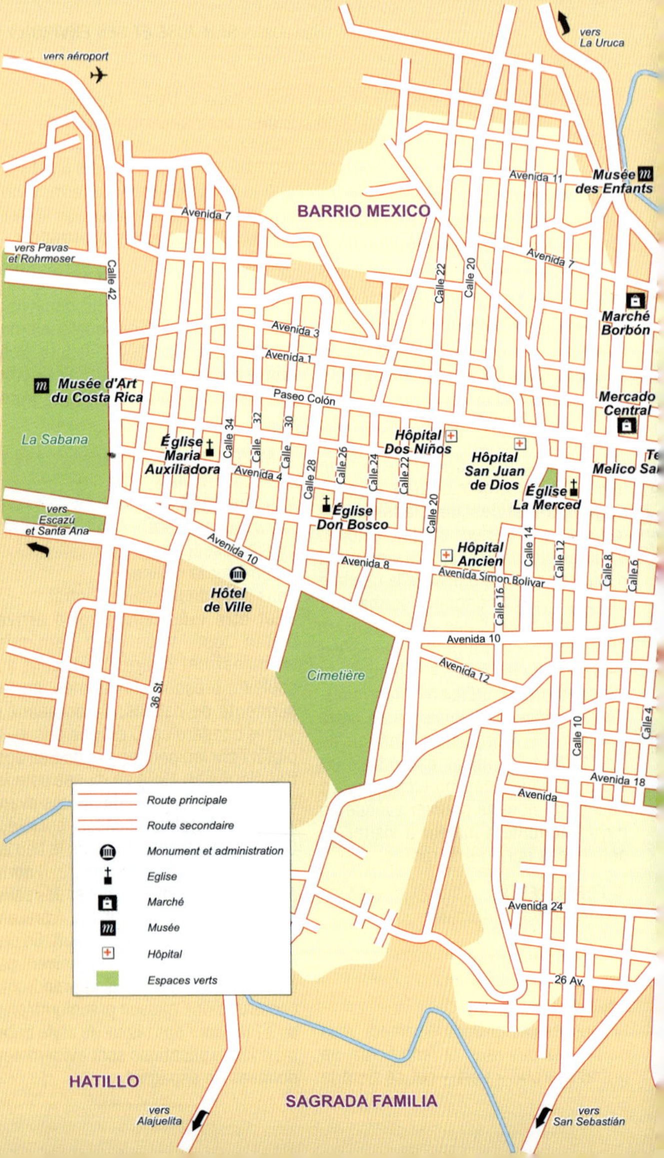

vers aéroport
vers La Uruca
Musée des Enfants
Avenida 11
BARRIO MEXICO
Avenida 7
vers Pavas et Rohrmoser
Calle 42
Calle 22
Calle 20
Avenida 7
Marché Borbón
Avenida 3
Avenida 1
Musée d'Art du Costa Rica
Paseo Colón
Mercado Central
La Sabana
Calle 34
32
Calle
30
Calle
Église Maria Auxiliadora
Avenida 4
Calle 28
Calle 26
Calle 24
Calle 22
Hôpital Dos Niños
Hôpital San Juan de Dios
Église La Merced
Melico Sa
Te
vers Escazú et Santa Ana
Église Don Bosco
Calle 20
Avenida 10
Hôpital Ancien
Calle 14
Calle 12
Avenida 8
Avenida Simon Bolivar
Calle 8
Calle 6
Hôtel de Ville
Calle 16
Avenida 10
Avenida 12
Cimetière
36 St.
Calle 10
Calle 4
Avenida 18
Avenida
Route principale
Route secondaire
Monument et administration
Eglise
Marché
Musée
Hôpital
Espaces verts
Avenida 24
26 Av.
HATILLO
SAGRADA FAMILIA
vers Alajuelita
vers San Sebastián

San José

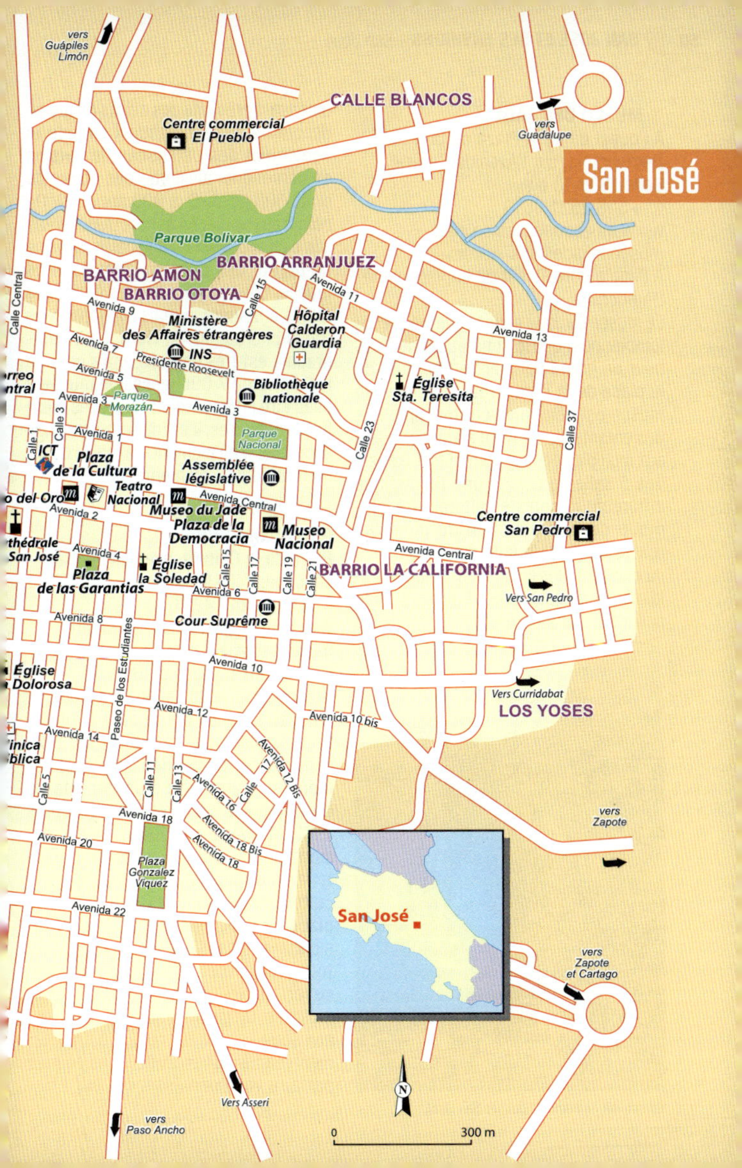
vers Guápiles Limón
CALLE BLANCOS
Centre commercial El Pueblo
vers Guadalupe
Parque Bolivar
BARRIO ARRANJUEZ
BARRIO AMON
BARRIO OTOYA
Calle Central
Calle 15
Avenida 11
Avenida 9
Ministère des Affaires étrangères
Hôpital Calderon Guardia
Avenida 13
Avenida 7
INS
Presidente Roosevelt
Avenida 5
rreo ntral
Bibliothèque nationale
Église Sta. Teresita
Avenida 3
Parque Morazán
Avenida 3
Calle 3
Avenida 1
Parque Nacional
Calle 23
Calle 37
Calle 1
ICT
Plaza de la Cultura
Assemblée législative
Teatro Nacional
o del Oro
Avenida Central
Museo du Jade
Avenida 2
Plaza de la Democracia
Museo Nacional
Centre commercial San Pedro
thédrale San José
Avenida 4
Avenida Central
Église la Soledad
Plaza de las Garantias
Calle 15
Calle 17
Calle 19
Calle 21
BARRIO LA CALIFORNIA
Avenida 6
Vers San Pedro
Avenida 8
Cour Suprême
Paseo de los Estudiantes
Avenida 10
Église Dolorosa
Vers Curridabat
LOS YOSES
Avenida 12
Avenida 10 bis
Avenida 14
inica blica
Avenida 17
Avenida 12 Bis
Calle 5
Calle 11
Calle 13
Avenida 16
Calle
vers Zapote
Avenida 18
Avenida 20
Avenida 18 Bis
Avenida 18
Plaza Gonzalez Viquez
San José
Avenida 22
vers Zapote et Cartago
N
Vers Asseri
vers Paso Ancho
0
300 m

MUSEO DEL JADE ★★

A l'ouest de de la Plaza de la Democracia, sur l'Avenida Central, Calle 13 et 13 bis
✆ +506 2521 6610
www.museodeljadeins.com
museodeljade@ins-cr.com
À l'angle nord-ouest de la place de la Démocratie.
Le musée du Jade et de la culture précolombienne a quitté l'immeuble de l'INS pour un grand bâtiment en bordure de la place de la Démocratie. Le nouveau musée est généralement fort apprécié des enfants qui peuvent s'amuser grâce aux multiples écrans interactifs. Chacune des 5 salles présente une thématique différente : contexte culturel et écologique de la production du jade, les routes du jade, le jade dans les objets du quotidien, les croyances culturelles et la mémoire ancestrale... La plus grande collection de jade de tout le continent américain présente des objets religieux, décoratifs ou ornementaux en jade et également des ustensiles de cuisine en céramique, ainsi que des objets en or de 500 av. J.-C. à 800 apr. J.-C. De nombreuses pièces sont rétroéclairées afin d'en apprécier la transparence, signe de pureté des pierres. C'est dans ce musée, que l'on peut voir les fameuses tables à moudre le maïs (*metates*) des tribus chorotegas du Nord. La scénographie est très soignée, mais comme il y a plus de 7 000 pièces, le musée a beau être intéressant et les pièces aussi belles que rares, il est difficile de ne pas décrocher à un moment – à moins d'être un féru du jade bien entendu.

Le nouveau musée du jade de San José.

MUSEO DEL ORO PRECOLOMBINO ★★★

Plaza de la Cultura, avenida central/ segunda, calle 5
✆ +506 2243 4221
www.museosdelbancocentral.org
museos@bccr.fi.cr
L'accès aux musées du Banco Central, peu visible si on arrive du mauvais côté, se trouve sous la place.
Sous la plaza de la Cultura, sur trois niveaux, ce musée de l'Or précolombien est la partie la plus importante du complexe culturel ouvert depuis 1975, et restauré en 1985. L'entrée est signalée par un ensemble de tuyauteries qui rappelle une certaine usine culturelle parisienne (côté est de la place). Ce complexe, assez impressionnant, s'habille d'une architecture toute bétonnée. Pas d'ornements superflus, ici on aime le gris brut et uniforme. Un gigantesque escalier mène aux sous-sols et au musée, complètement réaménagé en 2002. Vous pourrez parfaire vos connaissances sur l'his-

toire américaine précolombienne de 2000 av. J.-C. à 1500 apr. J.-C., ou contempler une parure de guerrier, celles-là mêmes qui firent croire aux compagnons de Christophe Colomb que le paradis aurifère ne devait plus être loin puisque tout un chacun pouvait arborer ces magnifiques ornements. Les explications sont en espagnol et en anglais, et les dessins qui accompagnent l'exposition sont suffisamment éloquents. L'audio-guide n'est vraiment pas nécessaire. En revanche, vous pouvez télécharger l'application Gold Museum Costa Rica sur l'Apple Store™ (2,99 US$) en guise de souvenir.
Vous remarquerez une série de disques d'or (jadis directement cousus sur les vêtements), de diadèmes, de pinces à épiler, d'hameçons (l'or ou le cuivre servaient à tout) et différents bijoux ou accessoires de la vie courante, dont beaucoup étaient destinés aux rites funéraires. Plusieurs vitrines protègent des grelots qui, selon Fray Pedro Simón (XVIe siècle), étaient accrochés aux branches des arbres près des sanctuaires religieux. Les techniques de fabrication de tous ces objets sont abondamment expliquées. La création de ce musée a été décidée en 1950 quand la Banque centrale du Costa Rica a commencé à assembler une collection d'objets précolombiens en vue de préserver l'héritage du pays. En juin 2018, le musée a inauguré l'exposition «Billetes» qui invite le public à découvrir les 230 ans d'histoire du pays à travers sa monnaie. C'est un très beau musée, riche, très bien tenu et documenté. Un des plus beaux musées d'Amérique latine, même s'il n'égale pas son homologue de Bogota. Dans le même complexe, un petit musée numismatique intéressant.

■ MUSEO NACIONAL ★★

Avenida central/segunda, calle 17
✆ +506 2257 1433
www.museocostarica.go.cr
Sur la place de la Démocratie.
Classé Monument national en 1984, ce bâtiment jaune qui surplombe les immenses marches de la place de la Démocratie accueille depuis son réaménagement en 1989 (date du centenaire de la Démocratie) des collections consacrées à la civilisation costaricaine. Fondé en 1887, le musée, dont les locaux sont très fiers, était à l'origine un fonds de recherche scientifique et n'a été ouvert au public qu'à partir de 1930. Ce n'est qu'en 1948 que la collection intégra les murs de cette ancienne caserne Bellavista construite au début du siècle (on peut encore voir les impacts de balles de la courte guerre civile de 1948 sur les tours à l'arrière de l'édifice). Les collections, allant de l'art sacré précolombien aux documents marquant le début de la Première République (1821), sont fort riches. De nombreuses pièces précolombiennes venant du site de Guayabo, les sphères précolombiennes d'Osa (on en voit aussi une dans la grosse boule sur la place de la Démocratie), des objets d'or précolombien et aussi des pièces plus récentes d'histoire contemporaine composent les très belles collections de ce musée. Pour ceux qui n'en auraient pas visité lors de périples dans le pays, on traverse un *mariposario* (jardin à papillons) en arrivant au musée, c'est plutôt plaisant ! Si la visite ne vous intéresse pas, allez quand même faire un tour de ce côté vers 18h, avant le coucher du soleil. Le bâtiment jaune devient alors flamboyant et si, par chance, il pleut et que le ciel est encore noir de nuages, le spectacle devient grandiose.

PARQUE CENTRAL ★★

Avenida segunda, calle 0/2

Situé sur la seconde avenue, il est le cœur de San José. Le plus grand kiosque du pays (offert par le Nicaragua) qui en marque le centre est l'un des points de rendez-vous les plus connus des Costariciens. Souvent, vous pouvez y contempler diverses activités artistiques et musicales. A l'est, se trouve la Catedral Metropolitana qui a reçu la visite de Jean-Paul II au début des années 1980 et au nord, le Teatro Melico Salazar.

PARQUE ESPAÑA ★★

Avenida 3, calle 11

Adjacent au parque Morazán, il est entouré par l'Edifició Metálico, un bâtiment (rose à présent) dont vous entendrez sûrement parler à San José et que vous reconnaîtrez facilement grâce à son armure métallique, importée de Belgique. Pour l'anecdote, l'idée de monter un bâtiment inspiré de la tour Eiffel a vu le jour en 1892. Les ingénieurs qui participèrent à sa construction pensaient à l'époque que l'un comme l'autre allaient s'effondrer ! Egalement à proximité du parc, la Casa Amarilla, une jolie petite bâtisse jaune vif qui abrite les ministères des Affaires étrangères et de la Culture. Au milieu du parc, admirez et touchez les majestueux arbres de liège et admirez la statue de Juan Vázquez de Coronado, conquistador espagnol, qui trône à l'entrée du parc.

PARQUE NACIONAL ★★

Avenida 1/3, calle 15/19

La place est l'une des plus belles de San José, en tout cas la plus ombragée et la mieux entretenue. Elle comporte deux statues : l'une est un hommage aux combats livrés par l'Amérique centrale contre l'aventurier William Walker, sculptée par un disciple de Rodin ; l'autre représente le héros national, Juan Santamaría. En bordure du parc se trouvent l'Assemblée législative et la Bibliothèque nationale.

PLAZA DE LA CULTURA ★★★

Avenida central/segunda, calle 3/5

En plein centre de San José, cette grande place de la culture est bordée par le Théâtre national, le musée de l'Or précolombien (sous terre) et une rangée de fast-foods. Le Théâtre national en est le phare. Les touristes et les Ticos s'y donnent rendez-vous, le plus souvent sous les arcades du Gran Hotel Costa Rica. Les enfants joueront avec les jets d'eau. Les personnes plus âgées s'y posent pour admirer les passants. Les touristes vérifient leurs cartes ou immortalisent la place à coups de photos. Des vendeurs ambulants s'y arrêtent pour céder quelques babioles et repartent. Sous l'ombre des arbres, des amoureux se bécotent. Un peu plus loin encore, de vieux actifs ou de jeunes retraités (au choix) interpellent les passants pour qu'ils cèdent aux sirènes des paris sportifs. On se tient la main, on se sourit, on y parle fort. On sent de la vie sur cette place. En continuant votre route, vous rejoignez la foule de la rue commerçante principale qui va de magasin en magasin exprimer sa folie dépensière. Bref, la Plaza de la Cultura, c'est le lieu idéal pour regarder les passants et sentir le pouls de la ville. La meilleure approche pour en savoir plus sur les Ticos et leur vie.

PLAZA DE LA DEMOCRACIA ★★

Avenida central/segunda, calle 15

Cette place est en partie composée de gigantesques escaliers menant au Museo Nacional. Une statue y célèbre don Pepe

Figueres. Elle surplombe le marché artisanal, une galerie bleue ouverte sur l'extérieur. Depuis qu'elle a été végétalisée, la place de la Démocratie, très spacieuse, est devenue un endroit agréable mais les Ticos lui préfèrent la plaza de la Cultura. En 2018, ce lieu a été choisi pour procéder au transfert des pouvoirs : le nouveau président Carlos Alvarado Quesada souhaite redonner à cette place la valeur qu'elle mérite. En effet, véritable bastion et témoin des événements historiques qui ont forgé le Costa Rica, la plaza de la Democracia a été inaugurée en 1989 dans le cadre de la célébration du centenaire de la démocratie costaricienne.

TEATRO NACIONAL ★★★

Avenida central/segunda, calle 5
✆ +506 2222 8239
www.teatronacional.go.cr
solanos@teatronacional.go.cr

La plus grande salle du pays – et la fierté des Costaricains – est classée monument historique depuis 1965. Elle accueille les troupes les plus prestigieuses, nationales et internationales, de théâtre et de danse, d'opéra, d'opéra-comique et de zarzuela, aussi bien que les événements publics importants. Son existence résulte de la défection d'une des plus fameuses cantatrices de la fin du XIXe siècle, Adelina Patti, pour cause d'absence de salle adéquate au Costa Rica. Au début de 1890, un groupe d'agriculteurs et de négociants en café se cotisa pour permettre la construction de ce théâtre. Le président de l'époque, José Joaquín Rodríguez, s'émut de ce don et accepta le projet en mai 1890, le financement étant assuré par un apport de l'Etat et un impôt spécial sur les exportations de café. La conception et la mise en œuvre furent confiées à des architectes belges

© EDGAR MONESTEL – ICT

Théâtre National de San José.

et la décoration à des Italiens (Andreoli, Serra, Ferrando, Guevander, Ferrario et Fontana). La direction des travaux resta entre les mains de Costaricains (Miguel Angel Velásquez, Luis Matamoros et Nicolás Chavarría) secondés par des architectes d'origine allemande (Pedro et Fernando Reigh), le maître d'œuvre étant Antonio Varela. Le Théâtre national fut inauguré par le président Rafael Iglesias le 19 octobre 1897, après sept ans de travaux. La première représentation fut le *Faust* de Gounod.

La façade Renaissance du théâtre, dans la droite ligne du style architectural alors en vogue en Europe et en Amérique latine, rappelle la façade de l'Opéra-Comique de Paris. Les trois allégories (la Musique, la Danse et la Renommée) qui ornaient le tympan, sculptées par l'Italien Bulgarelli, ont été ôtées de la façade, restaurées et placées dans le hall d'entrée et dans le grand salon à l'étage.

VISITE

Les génies de la Littérature et de la Musique, sous les traits de Pedro Calderón de la Barca (poète dramatique espagnol) et de Beethoven, encadrent le portique d'entrée. Le vestibule, l'escalier d'honneur, le foyer et la salle ne sont que marbre et or ciselés. Dans les allégories peintes par des artistes italiens sur les murs et les plafonds courent et s'entremêlent toutes les muses de la Création. Après le violent tremblement de terre du 22 avril 1992, le théâtre, très endommagé, a dû être restauré.

Secteur est ★★

Ce secteur est le plus huppé de la capitale. On y trouvera dans l'ordre :

- **Le barrio Los Yoses** (de la calle 37 à San Pedro) est le quartier résidentiel de San José : il abrite la plupart des ambassades et les résidences des vieilles familles costariciennes.
- **Le barrio Francisco Peralta** débute calle 29 et devient Los Yoses Sur, au sud du Yoses précédent.
- **Les barrios La Nunciatura et Rohrmoser** tiennent leur nom, l'un du nonce apostolique qui y réside, l'autre de la plantation qui s'y trouvait avant son urbanisation. Maintenant, c'est le quartier des « nouveaux riches » de San José.

MUSEO DR. RAFAEL ANGEL CALDERÓN GUARDIA ★★

Avenida 11, calle 25/27
Barrio Escalante ✆ +506 2222 6392
musecal@racsa.co.cr
À 100 m à l'est, puis 100 m au nord depuis l'église Santa Teresita.
Une belle maison ancienne où vécut la famille du Dr Calderón Guardia, le président réformiste des années 1940. Expositions temporaires et galerie d'arts. Ce musée revient largement sur la réforme sociale menée entre 1940 et 1944 par ce même président, l'un des plus importants leaders politiques de l'histoire du pays, pourtant très controversé à la fin de son mandat. Vous trouverez encore aujourd'hui des défenseurs comme des détracteurs du président Calderón.

© JOSHUA TEN BRINK - SHUTTERSTOCK.COM

Parque de la Sabana.

Secteur ouest

Le secteur ouest de la capitale est connu notamment pour le paseo Colón. Seule avenue à détenir un nom, c'est aussi l'artère principale de San José qui mène au centre-ville en venant de l'aéroport. On y trouvera aussi le quartier de L'Hospital, où se trouve l'hôpital Saint-Jean-de-Dieu, qui s'étend entre les calles 14 et 26 et le paseo Colón et l'avenida 10, au nord des deux cimetières de San José (Cementerio Obreros – cimetière ouvrier – et Cementerio General – cimetière général) dont la visite est intéressante pour leurs mausolées.

MUSEO DE ARTE COSTARRICENSE

Parc métropolitain La Sabana, côté est
✆ +506 4060 2300
www.musarco.go.cr
recepcion@mac.go.cr
Tout à l'ouest du paseo Colón.

Voilà un musée qui vaut bien le déplacement depuis le centre-ville de San José, surtout si on le couple avec une promenade dans le parc de la Sabana. A l'extrémité ouest du paseo Colón, vous verrez peut-être en arrivant de l'aéroport un élégant bâtiment blanc. C'est justement le terminal de l'ancien aéroport de San José, reconverti en parc métropolitain de La Sabana. Il présente depuis 1978 une intéressante collection de peintures et sculptures d'artistes costaricains du XVIIIe au XXe siècle. Deux galeries sont réservées à des expositions temporaires. Ne ratez pas, dans le *Salón Dorado* à l'étage, la fresque en stuc sur 4 murs de l'histoire du Costa Rica, réalisée par le Français Louis Féron Parizot. Clin d'œil qui fait sourire, elle se termine par l'envol d'un avion... En sortant, vous verrez à gauche un collier en or. Si vous observez bien, vous reconnaîtrez les détails de la fresque dessus. Un vrai travail d'orfèvre !

PARQUE DE LA SABANA

Au bout du paseo Colón

À l'ouest de San José, ce grand parc très agréable occupe le terrain de l'ancien aéroport international du Costa Rica. Il abrite des courts de tennis, différents terrains de basket, de volley, de base-ball mais aussi un étang et une piscine. C'est l'un des endroits où les *Ticos* se détendent (ils sont jusqu'à 5 000 le week-end !), font leur jogging ou leur partie de football entre les eucalyptus. Pour s'y rendre depuis le centre-ville, mieux vaut prendre un taxi, car c'est assez loin à pied.

LES ENVIRONS DE SAN JOSÉ

La banlieue proche de San José se compose, à l'est, de San Pedro (le quartier universitaire) et de Curridabat (le quartier du lycée et du consulat français), et à l'ouest, d'Escazú et de Santa Ana (les beaux quartiers), pour ne citer que les villes les plus importantes de l'agglomération. Accessibles facilement en bus, elles peuvent être des alternatives à San José pour éviter de circuler dans la ville et donnent une autre image du Costa Rica.

Cartago et la vallée d'Orosi se trouvent au sud-est, tandis qu'Alajuela et Heredia sont situées au nord-ouest, en direction du Poás.

SAN PEDRO ★★

San Pedro est le quartier universitaire en périphérie de San José. Les jardins des facultés sont accessibles à tout un chacun et hautement recommandés. C'est immense : les étudiants ont leur propre télévision, leur radio, un petit musée des insectes et surtout plus de 220 formations différentes. San Pedro est aussi le quartier très prisé de la jeunesse qui s'y retrouve pour boire un verre et se détendre. Il n'y a aucune raison d'y loger, mais vous pouvez y passer la soirée. Soyez tout de même prudents en rentrant, comme partout ailleurs à San José. Pour aller de San José à San Pedro, vous passerez en bus, en voiture ou à pied (marcheurs motivés et économes !), une large avenue bordée de bars-restaurants au goût douteux, avant d'arriver à une fontaine cosmique et, sur votre gauche, au centre commercial.

MUSEO DE INSECTOS ★★

Bâtiment de l'école
de musique (RDC)
Universidad San Pedro
✆ +506 2207 5318
federico.paniagua@ucr.ac.cr
À l'est du centre-ville.

Ce musée des insectes, qui existe depuis 1962, était à l'origine le fonds d'étude privé de la faculté. On peut y découvrir tous les aspects du monde très riche des insectes recensés au Costa Rica. Le mimétisme adopté comme défense, les maladies transmises par les insectes ainsi que l'utilité « agricole » des petites bêtes font l'objet d'une ample documentation. Possibilité de suivre une visite guidée. Un musée très riche où vous pourrez bénéficier d'une profusion d'informations sans égal.

ESCAZÚ ★

Banlieue chic formée de trois communes (San Rafael de Escazú, Escazú Centro et San Antonio de Escazú), installées sur et autour d'une colline qui domine San José. En bas de la colline se trouve San Rafael de Escazú, une zone très commerçante où se trouvent *malls*, fast-foods, boutiques de marque, restaurants, mais aussi des lotissements ; on se croirait presque aux États-Unis... Les expatriés sont arrivés à partir des années 2000 et, pour eux, la vie nocturne s'est dynamisée. Des soirées de rencontre pour les nouveaux expatriés sont même organisées une fois par mois dans certains établissements. Escazú Centro est plus typique avec ses petites ruelles et restaurants de quartier. Tout en haut de la colline, la zone résidentielle San Antonio de Escazú concentre de superbes maisons avec une vue époustouflante sur la vallée.

SANTA ANA ★★

L'une des plus belles villes qui entourent la capitale. Dans cette banlieue chic et résidentielle, de bons restaurants, bars, hôtels parmi les plus récents et magasins *trendy* pour une clientèle exigeante.

VALLÉE CENTRALE

Elle n'a de vallée que le nom. On devrait plutôt appeler cette région « les hauts plateaux » ou « Meseta Central », car son altitude moyenne approche les 1 000 m ; elle est bordée par la cordillière centrale, avec plusieurs volcans entre 2 700 m et 3 400 m. Ce trapèze de 65 km sur 30 km est le cœur historique, économique et culturel du Costa Rica. La capitale, San José, se trouve en son centre. Pour profiter de la meilleure vue sur l'ensemble de la Vallée Centrale, il faut se rendre à Aserrí, au sud de San José, dépasser la petite ville et continuer à monter (en voiture). Au fil des virages, vous découvrirez un paysage de plus en plus grandiose. Au début, on mesure l'espace aux collines mauves de l'horizon puis, sans transition, c'est San José qui se dévoile tout entière à nos pieds. On s'arrête au bord de la route pour retrouver les repères connus : les tours de l'INS, de l'Aurola Holiday Inn ou de l'ICE. Les fenêtres scintillent sous le soleil, un nuage dépose son ombre entre les avenues qui quadrillent l'espace. On ne se lasse pas de deviner la rumeur de la ville et de ses banlieues. D'autres points de vue, aussi intéressants, sont accessibles depuis le volcan Barva, depuis le volcan Irazú à l'est (qui domine la vallée de ses 3 432 m) ou à partir des petites collines autour d'Escazú. Quant au climat, comme cette région est en altitude, les soirées sont plutôt fraîches, voire froides sur les pentes des volcans (chambres chauffées) ; les températures oscillent entre 20 °C et 25 °C de décembre à avril (saison sèche) et de 17 °C à 22 °C de mai à novembre (saison des pluies). Nous avons distingué le nord de la Vallée Centrale (avec ses deux villes principales, Alajuela et Heredia, les volcans Poás et Barva et ses petits villages ruraux) de sa zone sud, où, depuis Cartago et Paraiso, villes encombrées, on accède à la charmante vallée d'Orosi et aux cordillères du Sud-Est.

NORD DE LA VALLÉE CENTRALE

Dominé par le volcan Barva (2 906 m), abritant l'un des plus beaux parcs nationaux du Costa Rica, le parc national Braulio Carrillo, le nord de la Vallée centrale est un havre de nature à l'état pur. Heredia, l'ancienne capitale du café, est la première étape de la route du nord de la Vallée centrale.

ALAJUELA ★★

Ville agréable et ombragée, Alajuela, fondée en 1782, figure au programme touristique pour son musée Juan Santamaría (le jeune héros national est né ici) aménagé dans l'ancienne prison. Sur l'esplanade, au sud-est du Parque Central, s'élève depuis 1890 la statue du jeune héros, torche à la main.

Chaque 11 avril, on fête Juan Santamaría, l'enfant de la cité, avec des défilés et diverses commémorations de la bataille menée contre Walker au siècle dernier.

AROMA DE CAFÉ

Finca El Quizarra, Ruta 125
✆ +506 8324 0707
www.fincaelquizarra.shutterfly.com
jardindearomas@racsa.co.cr
À 8 minutes du centre d'Alajuela, 30 minutes du Parc national Volcan Poás et 40 minutes des cascades de La Paz.

Située à 1 375 mètres d'altitude, la Finca est une propriété de 17,5 hectares dont 14 hectares servent à la production de café ; un café arabica de qualité « gourmet », grâce à son excellente exposition sur les flancs des volcans Poas et Barva. En 2018, le site s'ouvre au tourisme avec la création d'un musée dédié entièrement au café, le premier du Costa Rica. Le musée, pensé en espagnol, français et anglais, vous en dira plus sur les origines de la plante, l'histoire de sa diffusion à travers le monde, les pays producteurs et consommateurs, etc. Affiches et objets anciens décorent les lieux. On pourra bien sûr déguster le café, présenté par un *barista*, à l'intérieur, ou sur une terrasse donnant sur les plantations.

MUSEO HISTORICO JUAN SANTAMARÍA

Avenida 1, calle 0/2
✆ +506 2441 4775
www.museojuansantamaria.go.cr
A 100 m au nord du Parque Central.

Ce très beau musée d'histoire, bâti dans une ancienne prison, porte le nom du jeune héros national. Il s'est refait une beauté en 2014 et a été modernisé tout en gardant son élégance. Ne vous laissez pas impressionner par les gardes à l'entrée, l'accès est libre. Dans les 7 salles d'exposition permanente, le musée relate l'histoire du Costa Rica, de la conquête espagnole à la bataille contre William Walker qui envahit le pays en 1856. La belle scénographie, les tableaux et les maquettes rendent le programme très digeste. On trouve autour du patio deux salles d'expositions temporaires et une salle de spectacle fort appréciée des locaux. Ils ont l'habitude de patienter sur les sièges de théâtre, dans la charmante petite cour arrière avant la représentation. On y trouve également un café, Puntalitos de Manuela, bien au calme.

PARQUE CENTRAL

Centre-ville d'Alajuela

La belle place centrale, agréable et fraîche, est affectueusement appelée « place aux manguiers » par les locaux. Elle avoisine la cathédrale au curieux dôme rouge, dans un quartier datant du XIXe siècle. Tout autour du Parque Central, des bancs et des kiosques permettent de se poser un instant pour regarder les passants. En face de la cathédrale, endommagée lors du tremblement de terre de 1991, se dresse la Casa de Cultura qui date de 1914.

HEREDIA

Fondée en 1706, elle fut l'ancienne capitale du café et l'on peut encore visiter aujourd'hui la finca Britt, l'une des usines de torréfaction les plus présentes en rayon. La ville est si proche de San José qu'on peut la considérer comme l'une de ses banlieues, mais c'est là une banlieue jeune et charmante, connue aussi comme la ville des fleurs (même si elles ne sont pas plus visibles ici qu'ailleurs) et reconnue, depuis les années 1990, comme capitale des technologies de pointe notamment en matière de microprocesseurs.

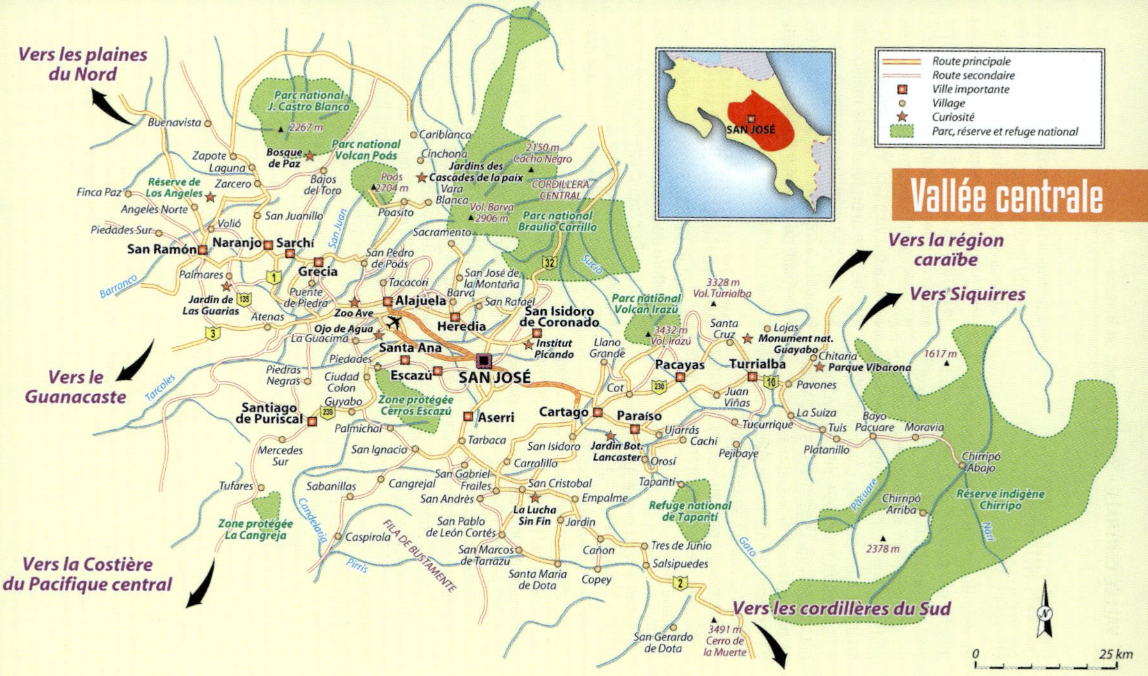

Vallée centrale
Route principale
Route secondaire
Ville importante
Village
Curiosité
Parc, réserve et refuge national
SAN JOSÉ
Vers les plaines du Nord
Vers le Guanacaste
Vers la Costière du Pacifique central
Vers la région caraïbe
Vers Siquirres
Vers les cordillères du Sud
Parc national J. Castro Blanco
2267 m
Parc national Volcan Poás
Poás 2704 m
Bosque de Paz
Buenavista
Zapote
Laguna
Zarcero
Réserve de Los Angeles
Finca Paz
Angeles Norte
Piedades Sur
Volió
San Juanillo
Bajos del Toro
Poasito
San Ramón
Naranjo
Sarchí
Grecia
Palmares
Jardin de Las Guarias
Puente de Piedra
Atenas
Zoo Ave
Ojo de Agua
La Guacima
Alajuela
Tacacori
San Pedro de Poás
Cariblanco
Cinchona
Jardins des Cascades de la paix
Vara Blanca
Vol. Barva 2906 m
2150 m Cacho Negro
CORDILLERA CENTRAL
Parc national Braulio Carrillo
Sacramento
San José de la Montaña
Barva
San Rafael
Heredia
San Isidoro de Coronado
Institut Picando
Santa Ana
Piedades
Escazú
SAN JOSÉ
Piedras Negras
Ciudad Colon
Guyabo
Zone protégée Cerros Escazú
Santiago de Puriscal
Palmichal
Aserri
Tarbaca
San Ignacio
Mercedes Sur
Tufares
Zone protégée La Cangreja
Sabanillas
Cangrejal
San Gabriel
Frailes
San Andrès
Caspirola
FILA DE BUSTAMENTE
San Pablo de León Cortés
San Marcos de Tarrazu
Santa Maria de Dota
Carralillo
San Isidoro
San Cristobal
La Lucha Sin Fin
Empalme
Jardin
Cañon
Copey
Tres de Junio
Salsipuedes
San Gerardo de Dota
3491 m Cerro de la Muerte
Cartago
Paraíso
Jardin Bot. Lancaster
Orosí
Ujarrás
Cachi
Tapantí
Refuge national de Tapantí
Cot
Llano Grande
Parc national Volcan Irazú
3432 m Vol. Irazú
3328 m Vol. Turrialba
Pacayas
Juan Viñas
Tucurrique
Pejibaye
Santa Cruz
Lajas
Monument nat. Guayabo
Turrialba
Chitaria
Parque Vibarona
Pavones
La Suiza
Tuis
Platanillo
Bayo Pacuare
Moravia
1617 m
Chirripó Abajo
Chirripó Arriba
Réserve indigène Chirripo
2378 m
Sucio
San Juan
Barranco
Tarcoles
Candelaria
Pirris
Gato
Pacuare
Nari
1
3
135
239
32
230
10
2
N
0
25 km

SANTO DOMINGO DE HEREDIA ★

Si le village de Santo Domingo, à mi-chemin entre San José et Heredia, était avant tout connu pour l'Inbioparque, un grand jardin botanique à vocation pédagogique, malheureusement fermé en 2016, c'est aussi un charmant village à l'architecture coloniale relativement bien préservée. Les amateurs de balades et de beaux édifices apprécieront de flâner dans les ruelles du village. Si vous êtes sur place un samedi, allez faire un tour au marché paysan, vous y trouverez beaucoup de produits régionaux frais et typiques.

SANTA LUCÍA DE HEREDIA ★

Sur la route pour vous rendre au volcan Barva, vous passerez par le petit village Santa Lucia de Heredia. Il respire la tranquillité rurale comme nombre de villages de la province d'Heredia, mais c'est le seul à posséder un musée. Pittoresque, le musée des Cultures populaires vous permettra d'en apprendre plus sur les traditions costariciennes.

MUSEO DE CULTURA POPULAR ★

Sur la route du volcan Barva
Village de Santa Lucía de Heredia
✆ +506 2260 1619
www.museo.una.ac.cr
mcp@una.ac.cr

Ouvert au grand public depuis 1994, c'est dans une maison d'adobe datant de la fin du XIXe siècle qu'on a tenté de préserver le décor quotidien de l'époque. Quelques meubles et objets sont ainsi exposés. Il n'y a pas grand-chose entre un four de terre et un moulin à café modèle industriel entreposés dans l'appentis au fond du jardin, mais il est agréable de s'asseoir devant la maison et de s'imaginer propriétaire, aisé, de ce petit coin de terre. Une brochure illustrée, de style scolaire, relate l'histoire de la famille du président Alfredo González Flores Zamora qui vivait ici. Vous remarquerez le petit bureau au fond de la maison : le secrétaire ne contient que des livres en français, sûrement un fond de brocante. Possibilité de déjeuner au restaurant du musée le week-end.

SAN ISIDRO DE HEREDIA ★

Le canton de San Isidro est très rural. La culture du café, des fruits et légumes ainsi que la production de lait sont les principales ressources de cette zone. Une bonne façon de vous immerger dans la ruralité de la vallée donc, mais peu de visites à faire... La petite bourgade de San Isidro, à une heure d'Heredia à l'ouest, possède cependant une superbe église gothique qui mérite qu'on s'y arrête. Si vous partez d'Heredia pour vous rendre au parc Braulio Carrillo sur la route 32 (et non au volcan Barva !), profitez-en pour faire une halte à San Isidro qui est sur la route.

MONTE DE LA CRUZ ★★

À 12 km au nord-est de Heredia en passant par San Rafael de Heredia, le lieu-dit Monte de la Cruz est un peu le pendant nord d'Aserrí (au sud de San José). C'est de ce point élevé que l'on peut jouir de la meilleure vue sur la Vallée centrale. Montez jusqu'au Paradero del Monte de la Cruz, puis admirez le panorama depuis le parc. L'air est pur, les montagnes verdoyantes, c'est une pause bien agréable qu'on vous recommande de transformer en pique-nique sur l'herbe si vous arrivez en fin de matinée.

PARQUE NACIONAL BRAULIO CARRILLO ★★

Braulio Carrillo était le nom du troisième président de la République du Costa Rica ; c'est maintenant celui d'un immense parc national se trouvant au nord-est de San José. C'est le plus proche de la capitale, mais l'un des moins connus, parce que, la plupart du temps, on ne fait que le traverser en se rendant à Limón ; de plus, si le ciel est bas, la perspective d'aller voir au-delà de la barrière de brouillard ne vous effleure même pas l'esprit. Alors vous vous contentez de jeter un coup d'œil aux fougères et aux incroyables feuilles des gunneras (le « parapluie du pauvre » sous lequel une famille entière pourrait se protéger de la pluie) qui dégringolent vers la route. Dommage, car ce parc est fort intéressant. Il a été fondé en 1978 pour faire face aux risques de dégradation des *cloud-forests* et *rainforests* entraînés par la construction de l'autoroute – qui permit le désenclavement de la région Caraïbe du pays – et pour renforcer la barrière naturelle qui protège la Vallée centrale. Actuellement, 47 600 hectares dont 90 % de forêt primaire sont protégés, couvrant une surface suffisamment grande et variée entre vallées de basse altitude et montagnes (jusqu'à 2 900 m au volcan Barva), pour permettre le développement d'au moins cinq sortes d'habitat selon le classement Holdridge. Dans cette incroyable biodiversité, on a recensé près de la moitié de la flore du Costa Rica.

Le tunnel Zurquí marque la transition entre les versants Pacifique et Atlantique. L'entrée principale du parc se trouve à une vingtaine de kilomètres de la sortie du tunnel. De là, trois courts sentiers permettent de pénétrer la forêt et de découvrir enfin le ceibo, l'arbre qui domine la forêt tropicale humide du haut de sa cinquantaine de mètres.

Cascade du Parc National Braulio Carrillo.

PARQUE NACIONAL BRAULIO CARRILLO ★★

Secteur Quebrada Gonzáles
✆ + 506 2268 1038
www.sinac.go.cr
info@sinac.go.cr
Sur la route 32 pour Limón.

Au nord de la Vallée Centrale, entre les massifs des volcans Poás et Irazú, ce parc national se situe dans les zones les plus accidentés du Costa Rica et offre un joli panel de paysages. Trois sentiers, Las Palmas, El Ceibo et Botarrama, de courte distance (1 à 3 km), permettent d'atteindre des miradors sur le parc. Ils ne permettent pas de s'enfoncer vraiment dans la forêt. A noter également que les nombreuses rivières sont d'une grande importance pour la production d'énergie hydroélectrique du pays.

RAINFOREST AERIAL TRAM ★

✆ +506 2257 5961
www.rainforestadventure.com
Sur la route de San José à Limón, à l'extrémité du parc, juste après avoir traversé le río Sucio.

Sur la route San José-Limón, à l'extrémité du parc, juste après avoir traversé le río Sucio. L'idée de faire monter quelques personnes au-dessus de la forêt en compagnie d'un guide naturaliste n'est pas tout à fait nouvelle... Mais, cette fois-ci, le projet est de mettre ce moyen d'observation à la portée de tous, et non plus seulement d'un groupe de privilégiés. La petite réserve en bordure du parc Braulio Carrillo est ouverte depuis l'automne 1994 et, depuis, on y a construit un auditorium, un restaurant et un magasin de souvenirs. Pour la balade, une vingtaine de « voitures », accessibles aux handicapés, entièrement ouvertes sur l'extérieur mais protégées des intempéries par un toit, parcourent un trajet d'une durée de 45 minutes dans un silence absolu pour ne pas effrayer la faune. Cela reste un bon moyen de se sentir au cœur de la forêt quand on est accompagné de tout-petits ou qu'on estime avoir passé l'âge de grimper aux arbres. Venir le plus tôt possible le matin.

VOLCÀN BARVA ★★

Secteur Barva
Poste d'entrée de Sacramento
✆ +506 2268 1038
www.sinac.go.cr
info@sinac.go.cr
À 3 km de Sacramento et environ 10 km de Paso Llano.

À l'est du Parc national Braulio Carrillo, le volcan Barva n'est pas des plus simples à découvrir, mais son ascension est si gratifiante que les difficultés s'oublient dès qu'on en atteint le sommet. Même s'il faut penser, un peu, à la descente… La randonnée commence à l'entrée du parc sur la route de San José de la Montaña, puis ce sont six heures de marche aller-retour à travers une forêt constamment arrosée par la pluie (avec un peu de répit entre décembre et avril). En conséquence, prévoyez de bonnes chaussures pour les sentiers boueux et de bons vêtements contre l'humidité et la fraîcheur ambiantes.

LA GARITA ★

À l'ouest d'Alajuela, sur la route d'Atenas, avant d'arriver à La Garita, Zoo Ave est un endroit très prisé des Ticos mais un peu moins fréquenté par les touristes. C'est sans doute l'un des zoos d'Amérique centrale possédant le plus grand nombre d'espèces d'oiseaux.

LA GUÁCIMA

La Guácima est l'un des tout premiers lieux à avoir accueilli un élevage de papillons au Costa Rica. Après 23 ans d'existence, la Butterfly Farm a malheureusement cessé son activité en 2012. En 2015, le *parque viva*, une plateforme de divertissements de grande ampleur est sortie de terre sur l'ancien circuit automobile.

GRECIA ★

De passage par Grecia, profitez-en pour faire une petite pause devant l'église rouge sombre, dont les pièces métalliques ont été apportées de Belgique en 1890. Vous verrez aussi que Grecia est charmante et proprette. Elle a été déclarée « ville la plus propre d'Amérique latine », et ses habitants en sont particulièrement fiers.

PARQUE NACIONAL VOLCÁN POÁS ★★★

Le volcan Poás (2 705 m) est l'un des volcans les plus actifs, donc très observé, du Costa Rica. Sa première éruption date de 1828 et il en est actuellement à sa quatrième période éruptive après quelque trente ans de repos.

■ LA PAZ WATERFALL GARDENS ★★★

A Vara Blanca ✆ +506 2482 2720
www.waterfallgardens.com
waterfallgardenstour@gmail.com
Un magnifique parc tropical luxuriant avec 3,5 km de sentiers balisés et cinq magnifiques cascades dont la catarata de la Paz qui a donné son nom au lieu. C'est la plus haute et une des plus célèbres du Costa Rica. Seule déception, c'est qu'on ne peut voir que le début de la chute, depuis son point le plus haut (il vous faudra sortir du parc et poursuivre votre route quelques centaines de mètres pour pouvoir l'admirer). A côté de cela, on vient surtout visiter ce parc pour ses orchidées ainsi que pour ses centaines d'animaux : toucans, jaguars, pumas, paresseux, ocelots, perroquets, singes, grenouilles, papillons, serpents, etc. Sans oublier la reproduction d'une ferme traditionnelle costaricaine des années 1900. Au programme, dégustation d'Agua Dulce et selfie avec les bœufs et leur char tout droit venus de Sarchi. Plusieurs randonnées sont proposées aux visiteurs et une navette ramène tout ce petit monde à l'entrée du parc, une fois la marche complétée. Petits et grands en prendront plein les yeux ! Une bonne entrée en matière, bien qu'un peu chère, pour découvrir la faune et la flore du Costa Rica. Prévoir une demi-journée pour une visite complète.

SARCHÍ ★★

Voilà le berceau de la *carreta*, cette charrette traditionnelle aux couleurs vives et aux motifs géométriques semblables aux mandalas. Autrefois tirée par des bœufs pour transporter les grains de café, elle est aujourd'hui devenue un objet décoratif que l'on retrouve partout : dans les jardins des particuliers, sur les places des villages et même en format miniature dans les vitrines des restaurants ! L'origine de cet artisanat vient de la prolifération des tracteurs et autres véhicules motorisés dans les campagnes. Courant à la ruine, les fabricants de charrettes eurent l'idée de miniaturiser leur savoir-faire et lancèrent la mode de cet ornement.

■ **FABRICA JOAQUIN CHAVERRI** ★★

Sarchí Sur

✆ +506 2454 4411

A 1,5 km du Parque Central.

Ouverte depuis 1903, c'est une des plus grandes fabriques de *carretas* du pays et surtout la plus ancienne. Une *Carreta* rouge en guise d'enseigne permet d'identifier facilement la boutique de la route. Les touristes peuvent voir les ouvriers travailler dans l'atelier au fond de la boutique. N'hésitez pas à demander à visiter !

■ **MERCADO DE ARTESANIA** ★★

Sarchí Sur

Vous y trouverez des boutiques vendant toutes sortes de souvenirs et beaucoup d'artisanat local : bijoux, objets en bois, tableaux... et bien sûr des charrettes miniatures ! Bien moins cher que dans le reste du pays, n'hésitez pas à faire le plein !

■ **PARQUE CENTRAL** ★★

Sarchí Norte

- **Un très beau parc central**, très bien entretenu, où les familles aiment à se reposer sur les bancs.
- **Vous pourrez admirer**, en plein centre de la place, une carreta géante et multicolore, magnifiquement décorée, symbole de l'artisanat de Sarchí et notée dans le livre *Guinness des Records* comme la plus grande charrette du monde !
- **En face, l'église du village**, récemment peinte en vert (un habitant, quelque peu déçu, nous confiera regretter sa couleur blanche naturelle...), dresse fièrement ses deux tours carrées. Ne manquez pas de visiter son intérieur multicolore. On y retrouve la plupart des motifs peints sur les objets en bois des magasins de Sarchí.

NARANJO ★

À 44 km de San José et 10 min au nord-ouest de Sarchí, avant de rejoindre l'Interamericana. Cette petite ville, perchée à 1 000 m d'altitude, offre de nombreux points de vue superbes sur la vallée et les champs de café. La ville, qui compte environ 35 000 habitants répartis sur 126 km², doit son nom à ses nombreux orangers du XIXe siècle (*naranja* signifie « orange »). Par la suite, ils ont cependant été largement remplacés par les caféiers. Avant Naranjo, le río Colorado est traversé par un vieux pont, construit à la fin des années 1940 pour permettre le passage des chargements de café et de canne à sucre. D'une hauteur de 80 mètres, il attire aujourd'hui les amateurs de saut à l'élastique. Les agences de la région emmènent également les touristes pratiquer toutes sortes d'activités d'aventure.

SAN RAMÓN

Pour les visiteurs se rendant sur la côte pacifique ou à l'Arenal, San Ramón est une étape agréable. Pour les Ticos, la petite ville tranquille, située au milieu d'un paysage montagneux, est la cité des présidents et des poètes. En effet, plusieurs anciens présidents de la République, dont Pepe Figueres, sont originaires de San Ramón. Certains y résident même encore. Quant aux poètes, tous les gens que vous croiserez ici le sont un petit peu... il faut dire que San Ramón dégage une atmosphère très

Eglise de Sarchi Norte.

bucolique. N'hésitez pas à vous arrêter au marché (qui a lieu tous les samedis), à vous rendre au musée ou à l'église. Enfin, San Ramón se démarque des autres villes de la vallée réputées pour la production de café : la petite ville ne compte pas moins de trois usines de cigares. Vous pourrez d'ailleurs visiter l'une d'entre elles afin d'avoir un aperçu !

CENTRO CULTURAL E HISTORICO JOSÉ FIGUERES FERRER ★

Au nord de l'église
✆ +506 2447 2178
www.centrojosefigueres.org
ccehjff@ice.co.cr

Un petit musée installé dans la maison où est né, en 1906, José Figueres Ferrer qui fut deux fois président du Costa Rica. C'est lui qui abolit l'armée et donna le droit de vote aux femmes. Le musée abrite également le centre culturel. Le but de cette institution, soutenue par le ministère de la Culture et de la Jeunesse, est d'amener à l'art et de promouvoir la culture, comme un moyen de renforcer les valeurs démocratiques. L'art sous toutes ses formes est donc soutenu : danse, musique, littérature, arts plastiques, etc. Tout y est aussi étudié et débattu. Un lieu où la liberté est reine !

PALMARES ★

Palmares, au sud de San Ramón, de l'autre côté de l'Interamericana, est réputé pour ses festivités annuelles – las Fiestas de Palmares – qui durent une dizaine de jours et commencent à la mi-janvier. Comme dans une immense kermesse, les familles se pressent autour de stands divers. De nombreuses animations s'y déroulent : un défilé costumé, une corrida (où le taureau ne sera jamais tué ni même blessé), des feux d'artifices, des concerts... Ces festivités peuvent rassembler jusqu'à 10 000 personnes et sont retransmises par la télé nationale. En dehors de cette période, Palmares est un petit village calme.

BOSQUE NUBOSO DE LOS ANGELES ★★

Les 800 hectares de forêt de Bosque Nuboso (« forêt des brumes ») de Los Angeles ont appartenu à un ex-président, Rodrigo Carazo, qui y a aménagé des sentiers parfaits pour d'agréables balades à cheval ou à pied, seul ou accompagné par un guide expérimenté. Les randonnées sont récompensées par de superbes chutes d'eau. Vous aurez le choix entre deux sentiers : l'Anastasio Alfaro et l'Alberto Manuel Brenes. Les deux sentiers sont facilement accessibles et nécessitent de deux à quatre heures chacun. C'est une excursion idéale pour ceux qui ont peu de temps, en tout cas pas assez pour aller jusqu'à Monteverde, plus au nord ; mais surtout pour les « touristophobes » qui, ici, ne risquent pas d'en croiser beaucoup. Car si Monteverde est vu comme un incontournable, le Bosque Nuboso de Los Angeles n'en est pas moins spectaculaire : vous aurez la réserve pour vous tout seul, car très peu de touristes la connaissent, et vous pourrez vous émerveiller devant plus 350 espèces d'oiseaux dont notamment les spectaculaires quetzals mais aussi les toucans et les colibris.

ZARCERO ★

Dernière bourgade au nord du périple d'une journée au départ d'Alajuela, Zarcero fait en réalité partie de la province du nord. À 1 700 m, elle bénéficie d'un climat parfois un peu frais, ce qui n'est pas désagréable en pleine saison sèche. La ville est jolie et agréable à visiter. Allez voir son église gothique toute blanche et à l'intérieur coloré, ainsi que le parc central et ses célèbres topiaires, des arbres étonnamment taillés. Dans un tout autre domaine, les confitures et les fromages locaux sont excellents. De quoi enrichir votre petit déjeuner du lendemain !

■ PARQUE FRANCISCO ALVARADO ★

Centre-ville de Zarcero

Les jardiniers de cette petite ville agricole de montagne ont le ciseau créatif et, plutôt que de faire la sieste, sculptent les cyprès qui entourent la belle petite église en forme d'animaux, de personnages ou d'on ne sait plus trop quoi (on y a même deviné un hélicoptère). À ne pas rater avec des enfants.

ATENAS ★★

Le petit village charmant d'Atenas présente peu d'intérêt touristique mais c'est là que vous trouverez le climat le plus agréable de la vallée centrale. Et même plus puisqu'en 1960, la revue *National Geographic* a même classé la ville comme celle bénéficiant du meilleur climat au monde. La température varie entre 17 et 19 degrés en janvier pour atteindre les 30 degrés en mars. Cela donne une température moyenne de 24 degrés à l'année. C'est un des facteurs qui fait que Atenas est un des villages où l'on vit le plus longtemps. C'est un lieu particulièrement recommandé contre toute forme d'asthme, de rhumes et toutes autres maladies respiratoires. À l'ouest d'Alajuela, prendre la route 3 qui mène au Pacifique (direction Jacó, Quepos). Sur la route entre La Garita et Atenas, admirez les magnifiques panoramas sur la vallée qui se déploient sous vos yeux.

EST ET SUD DE LA VALLÉE CENTRALE

À l'ombre de deux colosses volcaniques, cette région – ô combien fertile ! – assurait déjà aux populations précolombiennes leur prospérité. Et c'est sans doute pour cela que les populations primitives s'y étaient installées. Aujourd'hui, toujours aussi riche, elle est la terre du café, de la canne à sucre et du macadamia.

La province de Cartago, au sud-est de San José, peut se parcourir en une journée au départ de la capitale, qu'on choisisse d'aller jusqu'au volcan Irazú qui domine les vallées verdoyantes, de visiter les jardins Lankester, Turrialba et le río Pacuare ou le monument national Guayabo. Il faudra cependant un peu plus de temps pour s'aventurer jusqu'au parc national Tapantí-Macizo de la Muerte.

CARTAGO ★★

« La très Noble et très Loyale Ville de Cartago » a été la capitale et le berceau culturel du Costa Rica pendant la période de souveraineté espagnole (jusqu'en 1823). Elle en est maintenant la capitale religieuse et, plus prosaïquement, une des capitales provinciales à l'ambiance plutôt rurale. Fondée en 1563 par Juan Vásquez de Coronado, le conquérant du centre du Costa Rica, la ville ne conserve pas grand-chose de son prestigieux passé : en 1841 et en 1910, de terribles tremblements de terre ont en effet détruit tout ce qui en faisait une cité historique. Chaque 2 août, près de 2 millions de personnes se rendent à Cartago lors d'un grand pèlerinage durant lequel ils rendent hommage à la Vierge de Los Angeles.

BASILICA DE NUESTRA SEÑORA DE LOS ANGELES ★★★

À l'est du centre-ville

Impossible à rater quand on traverse la ville en venant de San José, la Basílica est l'église la plus célèbre du Costa Rica, le sanctuaire où les pèlerins rendent hommage à la sainte patronne du pays, Notre-Dame des Anges (Nuestra Señora de los Angeles), plus simplement appelée *La Negrita*. Une statuette à son effigie fut découverte en 1635 par une jeune paysanne, et les guérisons miraculeuses qui suivirent furent à l'origine du pèlerinage qui, chaque année le 2 août, voit des centaines de fervents marcher depuis San José (22 km) et parcourir les derniers mètres à genoux. Dans ce sanctuaire de style byzantin et hispano-mauresque, reconstruit en 1926, des médailles en forme du membre guéri, exposées dans des vitrines en guise d'ex-voto, témoignent de la réalité des miracles accomplis par *La Negrita*. Il faut jeter un coup d'œil sur l'intérieur en bois chaleureusement orné de la basilique, et si possible durant une célébration, afin d'admirer les vitraux et le jeu de couleurs épaissi par l'encens généreusement brûlé. Sans conteste le plus beau lieu de Cartago.

PARQUE NACIONAL VOLCÁN IRAZÚ ★★

À 31 km au nord-ouest de Cartago, l'Irazú, qui culmine à 3 432 m d'altitude, est un volcan actif au lourd passé éruptif. Ses éruptions sont accompagnées de nuages de vapeur et de lourds jets de cendres, de scories ou de pierres plus ou moins grosses.

La terre tremble et émet des grondements sourds. La première éruption connue remonte à 1723 et la dernière, qui date de 1963, a commencé le jour même où le président Kennedy vint rendre visite au Costa Rica. Ensuite, les habitants de la région ont dû se protéger pendant deux ans des cendres crachées par le volcan. Ses derniers sursauts datent de 1991 et 1994 lorsqu'un pan s'est effondré en direction du río Sucio. Seules quelques fumerolles sont actuellement visibles, encore faut-il pouvoir les différencier des cendres balayées par le vent.

Au sommet de l'Irazú, on trouve cinq cratères : le principal présente un paysage lunaire sur 1 050 m de diamètre, le Diego de la Haya ; le second abrite un lac sulfureux ; et les autres, de moindre importance, sont situés de chaque côté du cratère principal.

Le terrain autour du volcan est dénudé, seul le myrte pousse dans les environs immédiats des cratères. La faune est tout aussi pauvre en dehors du volcano junco, un oiseau qui niche dans les buissons qui couvrent le cratère Playa Hermosa. Le parc national de 2 309 ha a été créé en 1955 pour protéger la faune et la flore déjà fragilisées par les retombées de cendres. On peut cependant apercevoir des lapins, des coyotes, des porcs-épics ou des tatous et, parmi les oiseaux, la chouette brune, entre autres.

PARAÍSO ★★

La vallée d'Orosí, dont le fond est noyé sous un lac de retenue fermé par le barrage de Cachí, au sud-est de Cartago, est charmante et permet de se faire une idée du Costa Rica rural. La végétation, dominée par le vert lumineux inimitable des caféiers, s'ordonne d'elle-même à force d'exubérance et de variété en un véritable jardin. La petite ville de Paraíso (qui porte bien mal son nom !), à 8 km au sud-est de Cartago, en est la porte d'entrée. La vallée peut se parcourir en une journée sans problème, mais autant vous prévenir, les lieux sont très mal

Basilique Notre Dame des Anges.

indiqués et vous perdrez certainement du temps à les chercher. Ils sont généralement annoncés par une pancarte 200 mètres avant, ou par une pancarte à l'endroit même, c'est-à-dire trop tard, et il faut faire demi-tour. Notez aussi qu'il est souvent difficile d'y stationner, ou alors très en pente...

IGLESIA DE OROSÍ ★★

Centre-ville

Contrairement à Cartago, et malgré les tremblements de terre, la petite ville d'Orosí dont le nom vient d'un chef huetar de l'époque de la conquête, a conservé quelques-uns de ses anciens édifices. Son église coloniale San José du début du XVIIIe siècle en est un exemple admirable ; c'est l'une des plus anciennes églises encore en service.

JARDÍN BOTÁNICO LANKESTER ★

Route de Cartago à Paraíso
✆ +506 2511 7939
www.jbl.ucr.ac.cr
jardinbotanico.lankester@ucr.ac.cr
À mi-chemin entre Cartago et Paraíso, bifurquer sur la droite.
En bus, demandez l'arrêt au chauffeur qui vous déposera à l'entrée des jardins signalée par une pancarte sur la droite.

Le célèbre jardin botanique Lankester a été conçu afin d'aider à la conservation des plantes épiphytes tropicales du Costa Rica. Créé dans les années 1950 par le naturaliste anglais Charles Lankester, il appartient maintenant à l'Université du Costa Rica. Sur les 10,7 hectares du jardin, vous découvrirez orchidées, broméliacées, aracées (philodendrons), cactées, zingibéracées (gingembres et costus), musacées (bananiers), bambous ou fougères. La palme revient tout spécialement aux orchidées : les jardins Lankester en comptent plus de 800 espèces différentes sur les 1 400 connues au Costa Rica. Possibilité de suivre de courts stages pour apprendre à reconnaître et à prendre soin de ces belles fleurs. Une balade bien agréable dans ce parc particulièrement bien entretenu, dommage que le billet d'entrée soit si cher...

MIRADORS D'OROSÍ ET D'UJARRAS ★★

Routes vers la vallée d'Orosí
À 3 km de Paraíso, pour l'un comme pour l'autre.

Il ne faut pas manquer de s'arrêter au moins quelques minutes aux miradors d'Orosí ou d'Ujarrás, à l'entrée et à la sortie de la vallée d'Orosí, avec vue sur toute la vallée. Des aires de pique-nique et des aires de jeux aménagées pour les enfants permettent de déjeuner sur place et de profiter plus longtemps de la vue.

RUINES DE L'ÉGLISE D'UJARRÁS ★★

Ujarrás
À 7 km à l'est de Paraíso, sur la route après Cachí ; au nord du lac si l'on a pris la boucle dans le sens inverse des aiguilles d'une montre.

La construction de l'église a débuté en 1570, suite à une apparition de la Vierge sur les rives du río Reventazón qui aurait permis de repousser une bande de pirates venus se perdre à l'intérieur des terres, et elle fut reconstruite entre 1681 et 1693, avant d'être abandonnée en 1833 à la suite d'inondations qui dévastèrent le village. Elle fut déclarée Monument national en 1920 et restaurée en 1975.

Devant la beauté du paysage escarpé, on ne peut s'empêcher d'admirer la clairvoyance des missionnaires dans le choix de l'emplacement des lieux de culte, même s'il n'y a pas grand-chose à découvrir au milieu des ruines de cette petite église, sinon la signature de précédents visiteurs. Le petit parc de l'église, adorable, est entretenu avec amour par le gardien et jardinier. Allez-y plutôt à l'heure du déjeuner quand les groupes de touristes sont attablés ailleurs. Le dimanche le plus proche du 16 avril, une procession quitte Paraíso pour porter la Vierge jusqu'aux ruines.

CERVANTES ★

À mi-chemin entre Cartago et Turrialba, ce petit village, niché au milieu des vallées verdoyantes, représente peu d'intérêt en lui-même mais il possède de bons restaurants où vous pourrez vous arrêter si vous faites route vers Cartago ou Turrialba. Quant au nom du village, on raconte que c'est un conquistador descendant de Cervantes (le célèbre écrivain espagnol auteur de *Don Quichotte*) qui le fonda et lui légua son nom.
C'est ainsi qu'en référence à Don Quichotte, un restaurant de Cervantes s'appelle Les Moulins à Vent (Los Molinos de Viento).

TURRIALBA ★★

Étape importante sur l'ancienne route menant à la mer, Turrialba (à 650 m d'altitude) a failli tomber dans l'oubli après la construction de l'autoroute reliant San José à Limón. Elle fut fondée dans le cadre du développement économique de la région, lors de la construction du chemin de fer qui reliait alors San José à la côte Caraïbe. Cette ville de tradition agricole, qui compte 30 000 habitants, est heureusement située à proximité du río Pacuare, une rivière découverte par les pionniers des sports en eaux vives. Outre sa renommée pour l'enseignement supérieur (la ville abrite le siège du CATIE et de l'Université du Costa Rica) et son savoir-faire en matière de fromage, on ne vient pas à Turrialba pour les charmes de la ville, mais pour le rafting aux alentours ; ce n'est pas par hasard que les championnats du monde s'y sont déjà déroulés. Randonneurs et cyclistes ont aussi un beau terrain de jeu mais attention, le volcan n'est plus accessible jusqu'à nouvel ordre. Turrialba fait partie de la région géographique liée à la côte caraïbe. Mais comme elle peut faire l'objet d'une excursion d'une journée au départ de San José, nous avons sans vergogne modifié les frontières régionales pour l'inclure dans la vallée Centrale.

RIO SAVEGRE ★★

Le Rio Savegre est inscrit depuis juin 2017 au patrimoine de la biosphère par l'Unesco. C'est un cordon naturel reliant la cordillère centrale au Pacifique. Il est considéré comme l'une des rivières les plus propres du pays, traverse 4 cantons et prend sa source à 3 491 mètres d'altitude.

SANTA CRUZ ★★

Voilà un village, situé à quelques kilomètres de Turrialba et qui a su conserver l'esprit traditionnel du pays. Ce village est particulièrement réputé pour son fromage (el Queso Turrialba) dont la saveur unique a fait sa célébrité à travers tout le pays. On la doit notamment au lait utilisé ainsi qu'au process artisanal ancestral qui se transmet de génération en génération depuis plus de 100 ans.

VOLCÁN TURRIALBA ★★

Étape importante sur l'ancienne route menant à la mer, Turrialba (à 650 m d'altitude) a failli tomber dans l'oubli après la construction de l'autoroute reliant San José à Limón. Elle fut fondée dans le cadre du développement économique de la région, lors de la construction du chemin de fer qui reliait alors San José à la côte Caraïbe. Cette ville de tradition agricole, qui compte 30 000 habitants, est heureusement située à proximité du río Pacuare, une rivière découverte par les pionniers des sports en eaux vives. Outre sa renommée pour l'enseignement supérieur (la ville abrite le siège du CATIE et de l'Université du Costa Rica) et son savoir-faire en matière de fromage, on ne vient pas à Turrialba pour les charmes de la ville, mais pour le rafting aux alentours ; ce n'est pas par hasard que les championnats du monde s'y sont déjà déroulés. Randonneurs et cyclistes ont aussi un beau terrain de jeu mais attention, le volcan n'est plus accessible jusqu'à nouvel ordre. Turrialba fait partie de la région géographique liée à la côte caraïbe. Mais comme elle peut faire l'objet d'une excursion d'une journée au départ de San José, nous avons sans vergogne modifié les frontières régionales pour l'inclure dans la vallée Centrale.

GUAYABO ★★★

Situé à 19 km au nord de Turrialba en direction de Santa Cruz et de Pacayas, le site archéologique de Guayabo est protégé depuis les importantes découvertes archéologiques qui y ont été faites. Certains archéologues n'hésitent pas à les comparer aux vestiges de la civilisation de Copán au Honduras. Entre l'an 1 000 avant notre ère et au plus tard 1 400 apr. J.-C., date à laquelle la ville fut abandonnée, Guayabo devait compter quelque 5 000 habitants répartis autour de son centre, actuellement dégagé. Aujourd'hui, on peut voir des sortes de monticules qui servaient de fondations aux maisons, des gradins et des plans inclinés qui mettaient à niveau les chaussées et les planchers des habitations, des trottoirs pavés et un réseau d'aqueducs en partie à ciel ouvert (et encore en état de fonctionnement). Sur les pierres, des sculptures animalières, bien conservées, représentent des félins ou des oiseaux de la forêt alentour.

RÍO PACUARE ★★★

Le Pacuare est LE lieu des sports en eau vive, et le plus sportif. Mais là aussi, tout dépend encore de la saison. En fin de saison sèche, la tendance est plutôt à l'échouage. En revanche, en fin de saison des pluies et au début de la saison sèche, le rafting peut être un sport spectaculaire avec nombre de décharges d'adrénaline. Les paysages traversés par le río Pacuare y sont tout aussi impressionnants (si on a le temps d'y prêter attention entre les épreuves infligées par les courants quelquefois de classe IV). Fort heureusement, de temps à autre, les eaux se calment. Il n'y a plus alors que vous et les parois des canyons, les débordements de la forêt pluvieuse et le bleu du ciel, loin au-dessus et si calme. Du fait de la difficulté d'accès, il vaut mieux prévoir plusieurs jours pour vivre l'expérience.

CORDILLÈRES ET GRANDES PLAINES DU NORD

Dans le Nord du pays, on distingue les grandes plaines et les cordillères. La rivière de Sarapiquí et la région de Boca Tapada, qui va jusqu'au Nicaragua, sont parfaites pour les excursions en bateau, la pêche ou tout simplement l'observation des oiseaux, tout comme la belle réserve de Caño Negro. Un peu plus à l'ouest, les chutes d'eau de La Fortuna et les sources d'eau chaude de Tabacón sont beaucoup plus connues des touristes, pour leurs vertus relaxantes. Avec son climat sec, ses très grands pâturages et ses deux cordillères aux célèbres volcans, le Nord-Ouest s'étale jusqu'au Nicaragua. C'est la grande région du Guanacaste, bordée par le parc Santa Rosa et de belles plages, et récemment « annexée » par le Costa Rica. Le majestueux Rincón de la Vieja et le non moins majestueux Arenal sont là pour rappeler aux visiteurs l'activité volcanique permanente de l'isthme central-américain. Il faut marquer un arrêt vers Bijagua pour admirer le río Celeste, un cours d'eau d'un bleu surprenant. Enfin, dans la forêt nuageuse de Monteverde, il faut absolument s'essayer au canopy pour découvrir ses merveilles.

GRANDES PLAINES DU NORD

Des montagnes au nord de la Vallée centrale, en passant par les cantons de Heredia et d'Alajuela, jusqu'à la frontière du Nicaragua s'étendent des plaines tropicales appelées llanuras. Elles sont tropicales par leur climat, chaud et relativement sec, et leur végétation haute et toujours verte. Du côté du Guanacaste, région délimitée par la cordillère du même nom, le climat est plus sec. À l'inverse, plus on se rapproche de la côte Caraïbe, plus la saison sèche est courte, voire inexistante, et le climat en permanence humide. Ce climat, plutôt mixte, est à l'origine de l'appauvrissement écologique de la région.Dès les premiers temps de la colonisation, les forêts ont été massivement défrichées et transformées en pâturages destinés à l'élevage rentable devenu l'activité principale du nord du Costa Rica. L'absence d'arbres entraîne une érosion importante du sol, particulièrement durant la saison humide. Certaines *llanuras*, comme celle de San Carlos, sont très fréquemment inondées pendant plusieurs semaines et deviennent impropres aux cultures, et encore moins praticables pour les troupeaux. Le reste du temps, le terrain marécageux est de plus en plus utilisé pour la culture du riz, aliment de base du *Tico*. Au nord du lac Arenal, entre San Rafael et Los Chiles, le refuge national de la vie sylvestre de Caño Negro est la seule réserve de la région, l'une des moins fréquentées du pays aussi. Cette région paraît éloignée, car elle est mal desservie par les transports en commun et, surtout, elle ne se trouve ni sur la route des plages ni sur celle du Nicaragua. Mais la beauté de la région et les possibilités qu'elle offre commencent à attirer, et d'ici peu on devrait voir apparaître de plus en plus de lodges. On dit même que la région de Caño Negro et de Los Chiles pourrait venir concurrencer Tortuguero en voie de saturation. En bordure de cette région, se trouve, à 9 km de Bijuagua (sur une piste de terre et de pierres), le parc national du Volcan Tenorio et le fameux río Celeste.

RESERVA RARA AVIS ★

Créée en 1983, la réserve biologique privée Rara Avis (500 hectares) est située à environ 50 km au nord-est de San José, dans la province d'Alajuela. On peut accéder au lodge en tracteur (peu confortable) ou à cheval. Rara Avis (oiseau rare au sens figuré) se trouve à 700 m d'altitude, en bordure du parc national Braulio Carrillo, c'est la plus ancienne du Costa Rica. Elle abrite de superbes chutes d'eau à étages et se visite à pied ou à cheval. La forêt primaire renferme environ 370 espèces d'oiseaux, 160 d'orchidées, une vingtaine de mammifères, une centaine d'espèces de reptiles et d'amphibiens...

PUERTO VIEJO DE SARAPIQUI ★★

Ancien port fluvial de première importance, Puerto Viejo de Sarapiquí permettait le transit des marchandises, principalement des bananes, sur le río Sarapiquí vers San Juan, puis vers l'Atlantique avant l'avènement du chemin de fer. Actuellement, il n'y a plus guère que des touristes sportifs ou des gens du cru qui s'engagent sur les eaux du Sarapiquí.

■ ESTACION BIOLOGICA LA SELVA ★★★

Au sud de Puerto Viejo,
sur la route de Guápiles
✆ +506 2240 6696
www.ots.ac.cr
infoweb@ots.cr

Station écologique à vocation éducative et scientifique fondée par l'Organisation des études tropicales (OTS) qui, depuis 1963, regroupe 46 universités et 2 musées d'Histoire naturelle des Etats-Unis, de Puerto Rico et du Costa Rica. La Selva est située à l'extrémité nord du parc national Braulio Carrillo, au sud de Puerto Viejo. Les 1 400 hectares de la réserve correspondent approximativement au territoire de chasse des pumas ou des jaguars ; on y recense un nombre incroyable d'espèces d'arbres, d'oiseaux migrateurs ou non, de reptiles et de mammifères. Au sein du centre de recherche, outre les cours et interventions dispensés aux étudiants et aux chercheurs, on invite plusieurs fois par an des chefs d'entreprise du monde entier susceptibles d'être sensibilisés à l'écologie tropicale dans le cadre de leurs activités industrielles. Environ 50 km de sentiers balisés permettent d'observer les oiseaux, mais par temps de pluie, le sol déjà humide devient totalement impraticable. C'est pourquoi quelques sentiers sont bordés d'une sorte de trottoir. En tout état de cause, prévoyez des bottes de caoutchouc, des vêtements assez légers (la température moyenne est de 24 °C, mais paraît plus élevée dans une atmosphère saturée d'humidité) et une bonne protection anti-insectes (*repelente*). Les forêts tropicales étant peu lumineuses, ne vous attendez pas à voir plus d'une dizaine d'animaux. Avis à tous : attention aux serpents !

Cordillère du Nord

NICARAGUA
Route principale
Route secondaire
Piste
Ville importante
Village
Curiosité
Parc, réserve et refuge national
Upala
Canalete
Bijagua
Vers les Plaines du Nord
1916 m Volcan Tenorio
Parc national Volcan Tenorio
Lac de Coter
Vers La Fortuna
Tierras Morenas
New Arenal
Laguna de Arenal
Jardin Botanique
Ponts suspendus
Tabacón Resort
1633 m Volcan Arenal
Tilarán
Parc national Volcan Arenal
142
Réserve Santa Elena
CORDILLERA DE TILARAN
Santa Elena
Réserve Biologique Bosque Nuboso de Monteverde
Limonal
Lagarto
145
Ecogîte San Luis
Palma
1
Aranhjuez
Guacimal
Arizona
Refuge national La Ensenada
Abangaritos
Unión
Parc d'Avent. Finca Daniel
Refuge national Peñas Blancas
Vers la Vallée Centrale
Manzanillo
San Gerardo
Peñas Blancas
Pájaros
Rancho Grande
Miramar
Réserve Biologique Isla Pajaros
San Isidoro
Barranca
Chomes
Santa Rosa
144
Puntarenas
Pitahaya
Barranca
Esparza
Jésus Maria
San Mateo
GOLFO DE NICOYA
Caldera
Parc Iguana
Orotina
Hacienda Doña Marta
San Pablo de Turrubares
Zone Protégée Tivives
Tarcoles
N
0
25 km

RESERVA BIOLÓGICA TIRIMBINA

La Virgen de Sarapiquí
✆ +506 4020 2900
www.tirimbina.org
reservaciones@tirimbina.org
Pour des informations en français, demander Jennifer.

La réserve biologique Tirimbina est située sur les rives du río Sarapiquí. Elle s'étend sur 345 hectares de forêt tropicale humide pré-montagneuse, dans l'une des zones à la biodiversité la plus importante au monde. On y accède en traversant un pont suspendu impressionnant. Ce refuge de vie sauvage, administré par une organisation à but non lucratif, a pour missions la conservation de la forêt primaire, la recherche scientifique et l'éducation écologique de élèves de huit écoles rurales de la région. Un tiers de la réserve est accessible au public (9 km de sentiers), le reste est réservé aux chercheurs. Il est vivement recommandé de se faire accompagner par un guide naturaliste pour en apprécier tous les trésors. Plusieurs activités y sont proposées, de la découverte de la faune et de la flore en général à des circuits plus spécifiques, de jour ou de nuit, comme l'observation des oiseaux (54 % des 875 espèces nationales ont été recensées ici), des grenouilles ou des chauves-souris. Le circuit consacré au chocolat est incontournable. On y apprend tout le processus de la culture du cacao et de la fabrication artisanale du chocolat, avec dégustation bien sûr ! Les activités sont bien organisées, avec des guides professionnels et passionnés.

SAN RAFAEL DE GUATUSO

San Rafael de Guatuso, au nord du territoire indien de Malekus, est un village sur la route de Caño Negro. Vous y passerez peut-être pour rejoindre le parc du volcan Tenorio et du río Celeste depuis La Fortuna. Il n'y a rien de particulier à San Rafael, mais c'est un bon point de chute si on veut visiter les grottes de Venado, qui rappellent celles de Barra Honda.

CAÑO NEGRO

Ce lac se trouve près de la frontière avec le Nicaragua, à 20 kilomètres au sud de Los Chiles. Alimentée par le rio Frío pendant la saison des pluies, la zone peut être explorée en bateau. Un refuge naturel marécageux du même nom abrite de nombreuses espèces d'oiseaux et des crocodiles sur plus de 10 000 hectares ; c'est la plus grande réserve humide du Costa Rica. Lors de la saison des pluies, le lac atteint 800 hectares et devient assez profond pour une escapade en bateau, à la découverte de sa faune abondante. Mais également au cours de la saison sèche, il est possible d'y voir des crocodiles et des caïmans sans problème, tandis que les ornithologues se réjouiront du spectacle des oiseaux migrateurs. Très appréciée par les amoureux de la nature, l'excursion au refuge national de vie sylvestre Caño Negro abrite une faune fragile et endémique, notamment des oiseaux migrateurs et des espèces menacées. On y compte la moitié des espèces d'oiseaux du pays, tandis que les fameux paresseux, singes et autres tapirs viennent compléter le tableau. Les visites, qui se font uniquement sur les bateaux, sont souvent organisées par les agences à partir de La Fortuna ou de Bijagua, mais rien ne vous empêche d'y séjourner par vos propres moyens

LOS CHILES ★

La construction de Los Chiles remonte à la grande époque du trafic commercial sur le río San Juan, seule voie d'accès entre l'océan Atlantique et ces régions du centre. Environ 8 000 habitants vivent aujourd'hui à Los Chiles, alors que la ville a un peu perdu de son importance commerciale et politique. Dans les années 1980, le passage de Los Chiles était fermé en raison des combats entre les Contras et le gouvernement Sandinista du Nicaragua. Pendant cette période militaire, on pouvait voir les soldats américains le long de la route. Il a fallu attendre l'élection présidentielle de 1990 et le retour au calme pour que la frontière soit rouverte aux touristes.

Depuis quelques années, des sociétés à capitaux américains se lancent dans la production intensive de fruits comme les oranges ou les citrons qui s'épanouissent sur cette terre rougie par la latérite rouge. C'est un nouveau marché, qui amorce le développement commercial de la région. On aperçoit de la route des usines rutilantes qui détonnent un peu dans le paysage. Les investisseurs à la recherche de terrains idéaux et peu chers se tournent maintenant vers le Nicaragua, de l'autre côté de la frontière du Costa Rica, et se mettent à acquérir des surfaces impressionnantes. Le passage de la frontière à Los Chiles, aussi bien pour le commerce que pour le tourisme, est donc facilité.

CORDILLÈRE GUANACASTE ET LAC D'ARENAL

La cordillère de Guanacaste est une impressionnante chaîne de montagnes volcaniques, regroupant à elle seule trois des sept volcans du pays : le Tenorio, le Rincón de la Vieja et le Miravalles. À quelques kilomètres de cet enclavement volcanique se trouve le lac artificiel d'Arenal qui inonde une grande partie de la vallée. Le barrage a été construit en 1973 pour fournir en électricité la région du Guanacaste. La production des usines hydroélectriques a été renforcée par l'installation d'un champ d'éoliennes qui semblent surveiller le sud du lac. Depuis les grands travaux, le lac est devenu une aire de distraction.

PARQUE NACIONAL RINCÓN DE LA VIEJA

Le volcan qui a donné son nom au parc de 17 000 hectares n'est pas le plus élevé de cette région dominée par l'un des massifs volcaniques de la cordillère de Guanacaste qui comprend également le Miravalles et le Santa María. Les dernières éruptions du volcan Rincón de la Vieja remontent à la période de février à avril 2012. Sur les pentes de ce volcan gris se trouvent de nombreuses sources d'eau chaude et mares de boue. En empêchant l'eau de s'évaporer, la forêt sèche qui entoure les volcans de la cordillère est le point de départ des nombreuses rivières qui y prennent leur source. C'est pour protéger ce formidable réservoir que le parc Rincón de la Vieja a été créé dans les années 1970. A l'intérieur de la forêt, vous pourrez observer une multitude d'orchidées (symboles du Costa Rica), dont la guaria morada, et nombre d'oiseaux, y compris des aigles, des mammifères et des insectes.
Les sentiers aménagés partent, pour la plupart, de la station Santa María, que l'on atteint par San Jorge (20 km) au départ de Liberia ou par Curubandé, après avoir tourné à droite sur l'Interamericana, à une dizaine de kilomètres au nord de Liberia. Dans les deux cas, la route n'est pas toujours bonne. Comme partout, tout dépend de la pluie ! Certains sentiers, longs de plusieurs kilomètres, mènent à des bassins de boue (trop chaude pour s'y rouler) ou d'eau à 40 °C qui a, paraît-il, des vertus rajeunissantes. Au sud du parc, les chemins partant de l'entrée de Casona Santa María – une maison classée – mènent également aux bassins d'eau chaude (aguas termales, 3 km de marche) via le Bosque Encatado, un morceau de forêt primaire autour d'une cascade et à des sites volcaniques chauds (8 km) ou froids.

BIJAGUA ★

Petite ville de 5 000 habitants, la plus proche du parc national du Volcan Tenorio et du río Celeste.

■ PONTS SUSPENDUS HELICONIAS LODGE ★★★

Heliconias Lodge
✆ +506 2466 8483
info@hotelheliconias.co.cr
C'est un parc naturel de 110 hectares avec plusieurs sentiers dont l'un mène à d'impressionnants ponts suspendus de 64 m, 95 m et 104 m de long, en pleine forêt tropicale humide. Les sentiers permettent l'observation d'arbres géants comme le tabacon et le primiento, tous deux d'une hauteur de 55 m, le zapote de 50 m, le icaru danto de 35 m et le pilon de 70 m, et de nombreux oiseaux. Il y a aussi des singes (*colorado* signifiant brun, *araña* pour araignée et *carablanca* pour capucin), des tapirs et des félins. Vue panoramique sur le volcan Miravalles, la vallée de Guatusos, et, quand il fait beau, sur le lac Nicaragua.

■ TAPIR VALLEY ★★★

Tapir Valley, Camino a Rio Celeste
✆ +506 8439 9084
www.tapirvalley.org
tapirvalley@gmail.com
1 km après l'Hotel Celeste Moutanin Lodge, sur la route du PN Volcan Tenorio.

La « Vallée du tapir » est une réserve privée de 220 hectares située à une vingtaine de minutes de voiture de Bijagua. Limitrophe au parc national Volcan Tenorio, cette forêt tropicale humide, primaire et secondaire, a été protégée depuis une quinzaine d'années par Donald Varela (de Casitas Tenorio), Melvin Rodriguez et leurs familles. Donald est guide ornithologue bilingue (espagnol-anglais) et il pourra tout vous dire sur la faune et la flore locales. Tapir Valley est un lieu d'une grande beauté, préservé du tourisme de masse. Les visites de Tapir Valley se font forcément accompagnées, en petits groupes. Les sorties matinales sont davantage destinées à l'observation d'oiseaux (pour observateurs d'oiseaux débutants ou confirmés) et à l'observation de la flore, tandis que les sorties nocturnes permettent de voir beaucoup d'insectes, reptiles, amphibiens, et peut-être (avec de la chance !) le fameux tapir (*danta* en espagnol) qui se balade surtout de nuit. Une belle excursion, hors des sentiers battus.

PARQUE NACIONAL VOLCÁN TENORIO ★★★

Le parc national du volcan Tenorio s'étend sur 18 402 hectares et a été créé en avril 1995. Il est d'une grande richesse quant aux différents écosystèmes et espèces qu'il abrite. La flore est très variée et présente une forêt toujours verte (forêt pluvieuse et forêt nuageuse). On y distingue une grande variété d'héliconias, de bromélias et d'orchidées. Parmi les mammifères, on peut y apercevoir des pumas (toutefois nocturnes et difficilement observables), des tapirs (le plus grand mammifère d'Amérique centrale), des agoutis, des singes… Sur les flancs du parc, le río Celeste, aux couleurs incroyables, et sa cascade sont la principale attraction. C'est aussi, jusqu'à nouvel ordre, la seule partie accessible au public. Pour s'y rendre, équipez-vous de bottes en caoutchouc ou de chaussures étanches, surtout à la saison des pluies. Pour bien comprendre toutes les subtilités du parc et du río Celeste, une visite guidée auprès d'un guide-naturaliste est recommandée, certains sont spécialisés dans la flore, d'autres dans les insectes, d'autres sont des passionnés des félins qui peuplent la zone... Une escapade bucolique aux touches poétiques d'environ 3h, le long des sentiers, où vous sentirez encore une fois l'énergie folle de la nature environnante.

Parque Nacional Volcán Tenorio.

LAGUNA DE ARENAL ★★★

Le lac artificiel d'Arenal inonde une grande partie de la vallée. Le barrage a été construit en 1973 pour fournir en électricité la région du Guanacaste. En 2011, la production des usines hydroélectriques a été renforcée par l'installation d'un champ d'éoliennes qui semblent surveiller le sud du lac. Depuis les grands travaux, le lac est devenu une aire de loisirs. On y vient pour pratiquer la pêche qui, paraît-il, est très bonne. Les moins patients pratiqueront la planche à voile, facilitée par de bons vents (moyenne de 20 nœuds). Dans la partie ouest du lac, pratiquez tout simplement le canotage ou la baignade.

PARQUE NACIONAL VOLCÁN ARENAL ★★★

L'Arenal représente le volcan dans toute sa perfection, à la fois majestueux et menaçant. Il est encore jeune et ses éruptions n'ont pas encore tronqué son sommet, mais c'est suffisant pour se faire une idée de la force prodigieuse du monstre, qui s'est manifesté sérieusement en 2002 avec à la clé l'effondrement d'un pan du cratère. Après trois mille ans d'inactivité, on vivait près de cette montagne émergeant des collines luxuriantes sans penser une seconde qu'elle pouvait présenter un danger. Mais en 1968, un violent tremblement de terre, suivi d'une importante éruption, a complètement détruit un village sur le versant ouest. À la suite de plusieurs accidents, les visiteurs ne sont plus autorisés à s'approcher du cratère ni à entreprendre l'ascension. Pourtant, on ne voit plus les coulées de lave sur les flancs du volcan depuis 2010, pas plus que les fumerolles, au grand dam des professionnels du tourisme... Le sommet, voire le volcan tout entier, est souvent caché par les nuages. Les jours de beau temps, les touristes admirent la vue depuis La Fortuna ou s'orientent vers la visite du parc ou des réserves privées.

Il est possible d'avoir un très bon aperçu du volcan depuis l'endroit appelé Parqueo Interior, où la végétation disparaît au profit d'une couche de poussière anthracite.

■ ARENAL 1968 ★★

Sur la route entre La Fortuna et le parc
✆ +506 2462 1212
www.arenal1968.com
info@arenal1968.com
Après le Tabacon Hot Springs, tournez à gauche sur la piste qui va au parc. L'entrée porte à confusion avec celle du parc.

C'est la meilleure des réserves privées d'Arenal, car la vue sur le volcan est intéressante : on est vraiment tout proche ! Deux sentiers sont possibles : le plus court (le sentier forestier balisé en rouge) dure environ 1h30 et parcourt les stigmates des éruptions de 1968. On y trouve également un belvédère, une cafétéria et un petit jardin de plantes médicinales. Le plus long (le sentier forestier balisé en jaune) fait 5 km, compter entre 2h et 2h30 pour le parcourir. On traverse notamment une jolie forêt jusqu'à un lac naturel où l'on peut admirer des caïmans. Bonnes infrastructures. Mirador et cafétéria. Possibilité de louer des VTT. Un lieu magique où vous pourrez profiter d'une vue magique sur le volcan.

PARQUE NACIONAL VOLCÁN ARENAL ★★★

Poste des gardes forestiers, à l'entrée du parc
✆ +506 2200 5714
Sur le versant ouest du volcan, à 15 km de La Fortuna.

Le parc propose deux secteurs de découverte. Le premier, le secteur Volcan, abrite trois sentiers de 600 m à 3 km. Les gardes vous expliqueront jusqu'où vous pourrez aller et vous fourniront des cartes. Parmi vos trois options : Coladas (2 km), Heliconias (600 m) et El Ceibo, un sentier de 3 km où vous pourrez admirer l'arbre âgé de 400 ans qui a donné son nom au sentier. Cependant, ne vous attendez pas à bien voir le volcan. Côté secteur Péninsule, deux sentiers : Los Miradores (1,2 km) et El Tororoi (600 m). En 1h30, vous pourrez facilement découvrir ce secteur qui offre une vue sublime sur le volcan Arenal depuis la tour d'observation. Selon le temps annoncé, l'atmosphère se veut plus majestueuse ou bien davantage mystique lorsque le volcan est habillé de bas nuages. Mais finalement, on ne voit pas grand-chose sur les sentiers et, vu que l'ascension du volcan est impossible pour des raisons de sécurité, c'est finalement de La Fortuna qu'on le voit le mieux ! À condition qu'il fasse beau, bien sûr...

Le plus intéressant, pour voir la coulée de lave de 1992, est le sentier Coladas (2 km, environ 1h aller-retour). Depuis le mirador, on a une bonne vue sur le volcan et le lac. Un guide n'est pas nécessaire car les sentiers sont bien tracés. En projet pour 2016, le développement des infrastructures du côté de la péninsule (là où l'on voit le mieux le lac), avec 3 km de sentiers supplémentaires, une plate-forme avec un mirador, une cafétéria et une boutique de souvenirs.

SOURCES CHAUDES ★★

Sur la route entre La Fortuna
et le parc
Juste en face du Tabacon Hot Springs. Se garer sur le parking à gauche, traverser la rue, et descendre vers la rivière derrière les barrières jaunes.
Pour les petits budgets qui n'auraient pas envie de se retrouver dans un bassin d'eau chaude au rabais, il y a une solution : les sources d'eau chaudes naturelles, juste après le Tabacon, en venant de La Fortuna. Pour y accéder, mieux vaut prendre le strict minimum, voire y aller directement en maillot de bain quand on a sa voiture, car toutes les affaires risquent d'être mouillées. Lampe de poche indispensable ! Sur place, deux bassins naturels de chaque côté d'un petit tunnel (un peu glauque, mais pas de danger !). D'un côté comme de l'autre, mieux vaut avancer prudemment car il y a un peu de courant certains jours, et un risque de glisser (c'est du vécu ! mais plus de peur que de mal). Suivez les habitués, vous comprendrez vite où vous devez vous installer. Une fois assis dans l'eau chaude, c'est le paradis... Les locaux ont l'habitude de s'y détendre le soir avec une bière et mettent parfois des bougies. Quand il n'y a personne (ce qui est rare), l'ambiance est grisante. Les femmes non accompagnées devraient s'abstenir d'y aller passé une certaine heure ; on ne sait jamais.

Coati à nez blanc, dans le parc national du volcan Arenal.

TABACON HOT SPRINGS ★★★

Sur la route entre La Fortuna
et le parc
✆ +506 2479 2099
www.tabacon.com
sales@tabacon.com
Bien après les autres bassins d'eau thermale, parking bien visible
sur la gauche.
La détente parfaite au cœur de très beaux jardins tropicaux. Il faut absolument voir les eaux chaudes directement sorties des entrailles du volcan. C'est le plus ancien et le plus cher des bassins d'eau thermale, car il est directement alimenté par le cours d'eau. 17 bassins

sont aménagés dans celui-ci, et des petites cascades permettent de se faire masser le dos tout en profitant de la chaleur. Ce qui vaut la peine, si on en a les moyens, est de déjeuner ou de dîner sur place, car la cuisine proposée est de qualité. Pour moins cher, vous pouvez boire un cocktail dans l'eau chaude après avoir été servi au bar : détente garantie.

LA FORTUNA ★★

Située à seulement 6 km du volcan Arenal, cette petite ville semble physiquement écrasée par cette menace silencieuse qui la surplombe. Elle est pourtant vivante, et sait parfaitement tirer profit de sa situation exceptionnelle. Entre les nombreuses enseignes commerciales, les hôtels, restaurants et autres agences de tourisme, c'est un bon point de départ pour la visite du parc national, et c'est surtout la capitale locale du thermalisme, un plan futé pour les randonneurs fatigués qui souhaitent se prélasser quelques heures avant de repartir, un délice à ne surtout pas manquer ! Maintenant, La Fortuna ne bénéficie pas vraiment d'un charme à l'ancienne et ses constructions sont relativement récentes et sans intérêt majeur. Seule l'église mérite peut-être quelques photos. Il vous faudra surtout tirer bénéfice de votre voiture pour visiter les environs, qui méritent quant à eux vraiment le détour.

■ ARENAL MUNDO AVENTURA ★★

À 1,5 km au sud de l'église catholique, après le río Fortuna
✆ +506 2479 9762
www.arenalmundoaventura.com
info@arenalmundoaventura.com

Deux avantages à ce parc : il est situé dans le village de La Fortuna, ce qui évite une dépense pour le transfert, et il surplombe la cascade. Beaucoup de choses à y faire : circuit dans la canopée à différents niveaux, ainsi que des sentiers et activités classiques dans un environnement naturel, des sorties en kayak, des tours de nuit (où vous pourrez notamment observer la rainette aux yeux rouges !) et des descentes en canyoning !

■ CATARATA DE LA FORTUNA ★

✆ +506 2479 9515
www.cataratalafortuna.com
info@cataratalafortuna.com
À 5 minutes du centre-ville en voiture.

Cette cascade est une attraction prisée des voyageurs. Certes, elle est jolie et plus rafraîchissante que le volcan, mais elle n'a rien d'extraordinaire quand on a déjà vu une cascade... Le prix ne se justifie pas, même si le mirador et les escaliers pour descendre jusqu'en bas sont neufs et impeccables. On vous racontera sûrement qu'ils ont été construits pour la visite de Kim Kardashian à La Fortuna. Une fois les 430 marches descendues, vous pouvez vous baigner au milieu de dizaines d'autres touristes dans une eau turquoise.

Le plus difficile, c'est ensuite de remonter... Gardez un œil sur vos affaires quand vous êtes dans l'eau. Sur place, en empruntant un sentier annexe, on trouve également «El jardin de orquídeas», une belle collection de plus de 200 espèces de fleurs endémiques. À privilégier hors saison, par un jour de beau temps.

ECO TERMALES FORTUNA ★★
Sur la route entre La Fortuna et le parc
✆ +506 2479 8787
ecotermalesfortuna.cr
reservas@ecotermalesfortuna.cr
À 4,5 km au nord-ouest de l'église de La Fortuna.

Nos eaux thermales préférées à La Fortuna. Le cadre est tout simplement magnifique : 5 piscines naturelles d'eau thermale dans un jardin tropical sublime, au calme. Point de musique ici, c'est la nature qui est à l'honneur. Vous pourrez vous prélasser dans des eaux de 37 à 42 °C en écoutant le clapotis de l'eau.

CORDILLÈRE DE TILARÁN

Cette région de la cordillère de Tilarán séduira en tous points les amoureux de la nature. La mangrove d'Isla Chira est impressionnante, les réserves de Santa Elena et Monteverde sont un vrai trésor de la biodiversité et Cañâs un des meilleur spots de rafting du pays. Randonnées, à pied ou à cheval, circuits à travers la canopée, visite de jardins de papillons ou d'orchidées sont autant d'activités que vous pourrez pratiquer à loisir pendant votre séjour.

SANTA ELENA ★★

Petit bourg qui peut servir de camp de base pour aller explorer la réserve de Monteverde voisine.

JARDIN DE MARIPOSAS – BUTTERFLY GARDEN ★★★
À 20 minutes de marche de Santa Elena, au sud de l'école.
✆ +506 2645 5512
www.monteverdebutterflygarden.com
monteverdebutterflygardens@gmail.com

Ici, vous serez dans une forêt recouverte d'un filet très fin, destiné à protéger les papillons de toutes les espèces qui peuplent la région. Par temps ensoleillé, ils seront beaucoup plus nombreux que sous un ciel nuageux. À l'entrée, une exposition décrit le cycle de reproduction des papillons et les guides du jardin vous fourniront toutes les explications désirées.

JARDIN DE ORQUIDEAS ★★
Centre-ville ✆ +506 2645 5308
www.monteverdeorchidgarden.net
Derrière le restaurant Morpho's.

On pourra y observer plus de 400 espèces endémiques d'orchidées. Une loupe pour observer les plus petites orchidées du monde vous est remise à l'entrée.

RANARIO (FROG POND) ★★
Au sud du centre de Santa Elena
✆ +506 2645 6320
info@ranariomonteverde.com
À 100 m à l'ouest de l'hôtel Poco à Poco.

On estime que 40 % des amphibiens ont disparu du Costa Rica et le *ranarío* (« grenouillerie » en français…) a pour but non seulement de les protéger, mais aussi de devenir une espèce de banque génétique. On y observe plus de 25 espèces de grenouilles dans leurs différents habitats naturels recréés dans des terrariums aménagés par des spécialistes. Très pédagogique ! On en apprend beaucoup sur les caractéristiques et l'histoire de ces petites créatures qui sont plus intéressantes à observer durant le tour de nuit : préférez donc une visite guidée en soirée.

RESERVA BOSQUE NUBOSO SANTA ELENA ★★

À 5 km au nord-est de Santa Elena
✆ +506 2645 5390
www.reservasantaelena.org
reservaciones@reservasantaelena.org
Compter une vingtaine de minutes en voiture depuis le village ou bien prendre le bus public. Départs de Santa Elena pour la réserve à 6h30, 8h30, 10h30 et 12h30. Retour à 9h, 11h, 13h, 15h, 16h (2 US$, sur réservation).

La réserve forestière de Santa Elena est située dans la région de Monteverde, à environ 7 km au nord de la ville de Santa Elena, d'où son nom. La réserve dispose de 12 km de sentiers répartis sur cinq sentiers bien balisés, de 2,6 km à 5 km. Ils sillonnent ce parc de 310 hectares et vous mènent notamment jusqu'à une tour d'observation d'environ 14 mètres de haut où vous pouvez observer les volcans Arenal, Tenorio, Miravalles, et Rincon de la Vieja ! Les enfants et les personnes à mobilité réduite préféreront certainement le circuit Mundo Joven tandis que les plus téméraires préférant les chemins les plus escarpés se lanceront sur le Caño Negro. Le Youth Challenge Trail vous emmènera au sommet d'une tour d'observation, à 1 700 mètres au-dessus du niveau de la mer, pour contempler la majesté des forêts tropicales. Cette réserve est plus accueillante que celle de Monteverde, peut-être parce qu'elle est beaucoup moins fréquentée. La forêt y est encore plus humide que celle de Monteverde, et les animaux paraissent plus gros car ils ont plus de poils (farfelu, mais c'est une explication du gardien !). Située dans la partie caraïbe du pays, à une altitude moyenne de 1 600 mètres au-dessus du niveau de la mer, cette réserve est baignée par les alizés du nord-est, formant un groupe de nuages présents pendant la majeure partie de l'année. Ces conditions climatiques et les températures favorisent le développement d'une biodiversité étonnante où la forêt s'habille constamment d'une couleur verte luxuriante. Les bénéfices de la réserve sont consacrés au développement de la communauté.

MONTEVERDE ★★★

La forêt tropicale humide qui entoure Monteverde est difficilement accessible, aussi les habitants de cette région cherchent-ils à conserver la route qui y mène dans son état actuel pour préserver leur forêt de la déforestation (visible à la lisière) et, par-dessus tout, leur mode de vie. Il y a une trentaine d'années, un groupe de quakers de l'Alabama, séduits par la politique pacifiste du Costa Rica, s'installa dans cette région et fut à l'origine des fermes laitières de la réserve biologique de Monteverde. Aujourd'hui, cette région est l'une des principales attractions touristiques du Costa Rica, d'où peut-être une certaine « réserve » de la part des natifs qui ne s'étaient pas installés ici pour rester sur le bord de la route à compter les voitures…

RESERVA BIOLÓGICA BOSQUE NUBOSO MONTEVERDE ★★★

✆ +506 2645 5112
www.reservamonteverde.com
cct@cct.or.cr
Le parking est éloigné de quelques centaines de mètres de l'entrée ; un mini-bus est mis en place en haute saison pour ceux qui ne voudraient pas marcher.

Au cours de la visite de la réserve, vous aurez peut-être la chance d'apercevoir toutes sortes d'animaux comme le quetzal (surtout visible de mars à avril), emblème de la région, qui ne supporte pas la captivité. Cet oiseau nidifie dans les plus hauts et plus vieux arbres des forêts tropicales d'altitude. Le couple quetzal est un parfait exemple de partage des tâches au sein de la famille, la femelle couvant la nuit, le mâle (à la queue verte) le reste du temps. Le solitaire, à la tête noire, a un chant séduisant comparable à celui du rossignol. C'est le chant que l'on entend aux abords du volcan Barva. Pour bien observer ces oiseaux, mieux vaut être accompagné par un guide dont l'œil et l'oreille plus expérimentés que les vôtres sauront capter le frémissement furtif dans les branchages ou dans les fougères abondantes. Vous observerez aussi, plutôt à la nuit tombée, d'étranges grenouilles, et si l'on vous parle du crapaud doré, ne vous désespérez pas de ne pas l'apercevoir : cela fait si longtemps que l'on n'en a pas vu que d'aucuns prétendent que l'espèce est éteinte ou qu'elle n'a peut-être jamais existé...

TILARÁN ★

Toujours dans une région agricole dont on remarquera les collines pelées par les troupeaux de vaches. Le contraste est saisissant avec la végétation que l'on observe plus près de la mer. Après Tilarán, on commence à apercevoir les eaux placides de la Laguna Arenal dominées par le volcan sombre.

CAÑAS ★

Située sur l'Interamericana, petite ville dont la vocation est l'agriculture et l'élevage. Elle est également une étape pour les routiers, et un croisement important pour les visiteurs. En venant de San José ou de Liberia, c'est à Cañas

Monteverde.

que vous tournerez pour vous rendre aux volcans Arenal, Tenorio et Miravalles, ou à Palo Verde.

■ CENTRO DE RESCATE LAS PUMAS ★★★

Sur l'Interamericana,
à 5 km de Cañas
✆ +506 2669 6044
www.centrorescatelaspumas.org
À côté de l'hacienda La Pacífica

Le centre de secours Las Pumas a été créé il y a plus de 40 ans quand la déforestation était très importante dans le Guanacaste : les habitats de nombreux animaux sauvages se réduisaient sévèrement et les habitants capturaient et chassaient les animaux égarés. Lily Bodmer de Hagnauer (décédée en 1991) et Werner Hagnauer – deux Suisses qui ont toujours eu une vision conservatrice de la nature – ont créé ce centre pour venir en aide aux animaux désemparés ; en peu d'années, il y a eu plus de 160 animaux (plus de 60 espèces différentes). Aujourd'hui, le centre compte une centaine d'individus de 24 espèces différentes. De nombreux animaux trouvés blessés dans les forêts sont amenés à Las Pumas (pumas, jaguars et ocelots), mais aussi de nombreux autres animaux qui, après des soins et une mise en quarantaine, sont relâchés dans leur milieu naturel ou un autre ressemblant. C'est la seule occasion de voir des félins (jaguars, ocelots, jaguarundis, pumas, manigordos...), ainsi que des renards gris, des singes capucins ou hurleurs et de nombreux oiseaux comme les aras rouges, perroquets... Faites une halte à Las Pumas, vous serez bien reçu, et vous aiderez ainsi à la sauvegarde des animaux sauvages indispensables à la vie naturelle dont nous avons tant besoin.

■ PÉTROGLYPHES FARALLÓN ★★

A proximité de Cañas (environ 10km) sur l'Interamericana

Un panneau indique un site où l'on peut observer des pétroglyphes de la culture amérindienne des Corobicíes récemment classés au Patrimoine national. Lorsque la famille López Monge a acheté cette propriété il y a près de 40 ans, ses membres n'avaient jamais imaginé que, quelques décennies plus tard, ils seraient les gardiens d'un patrimoine historique national ! En effet, c'est sur le domaine de la ferme des López que se trouve El Farallón, un long rocher d'une vingtaine de mètres de long et de près de 7 mètres de haut. Mais attention, effectivement, vous l'aurez compris, ce n'est pas n'importe quel rocher puisque l'on y trouve différentes figures, humaines, animales ou encore abstraites qui dateraient du Ier siècle après J.-C. ! Ces vestiges sont devenus aujourd'hui un précieux trésor pour les héritiers López qui organisent souvent des tours et qui proposent même aux visiteurs des cabines où dormir dans leur ferme.

PARQUE NACIONAL PALO VERDE ★★

Un arbuste de couleur vert tendre aux délicates fleurs jaunes a donné son nom à ce parc de 16 804 hectares situé à 240 km au nord-ouest de San José, et à 30 km à l'ouest de Cañas sur l'Interamericana. Le long de la rivière Tempisque, les marécages et la mangrove abritent des oiseaux aquatiques, palmipèdes et échassiers communs à toute l'Amérique centrale (279 espèces recensées). Sur les rives mêmes du río Tempisque, les crocodiles peuvent atteindre 5 m de longueur.

CÔTE PACIFIQUE

De nombreux voyageurs viennent au Costa Rica pour les montagnes et le tourisme écologique, et en oublient le littoral vierge et les plages de renommée mondiale de la côte pacifique, dont la douce chaleur en basse saison est un véritable atout lorsqu'il pleut partout ailleurs. Du nord au sud, il y en a pour tous les goûts. Les plages du Guanacaste sont faciles d'accès depuis les sites d'Arenal, de Rincón de la Vieja ou du río Celeste, puisque certaines sont situées à moins d'une heure de route de l'aéroport de Liberia. Alors que le golfe de Papagayo accueille une clientèle aisée dans des resorts de luxe, des plages plus intimistes comme Brasilito, Potrero ou Conchal ne manquent pas de charme, un peu plus au sud. Partout, c'est le royaume des sports aquatiques : voile, plongée mais surtout surf, notamment à Tamarindo et au spot de Peña Bruja, à Playa Naranjo, dans le parc de Santa Rosa. Il faut plusieurs jours pour profiter de la péninsule de Nicoya, dont les plages sont réputées pour être les plus belles du pays. Les plus pressés prendront le ferry de Puntarenas pour séjourner à Montezuma. Si vous avez plus de temps, les coins les plus sauvages se trouvent entre Samara et Mal Pais/Santa Teresa. Sans oublier la région de Nosara avec Ostional pour les tortues et Guiones pour le surf... Si la région pacifique centrale est incontournable pour bien des voyageurs, c'est qu'elle renferme le parc Manuel Antonio en son centre, l'un des joyeux du pays. De Puntarenas à Manuel Antonio, les alentours du parc de Carara sont une destination de choix pour les amoureux de paysages idylliques, car les hautes montagnes rencontrent la mer. Au sud de Quepos, en allant vers la péninsule d'Osa, plusieurs arrêts valent la peine à Dominical, au parc des baleines ou à Ojochal. Tout au sud, la péninsule d'Osa et le Golfo Dulce présentent des paysages totalement différents du reste de la côte pacifique. Accessible par Bahia Drake ou Puerto Jimenez et propice aux balades en bateau et à la randonnée, le parc du Corcovado est le nouvel eldorado du pays. En contournant le Golfo Dulce jusqu'à Golfito, on rejoint rapidement la cordillère du sud. Les surfeurs ne manqueront pas l'arrêt à Pavones et sa célèbre vague de gauche.

CÔTE NORD DU GUANACASTE

Célèbre pour ses plages de sable blanc, la frange côtière du Guanacaste est très réputée pour ses spots de surf ainsi que pour ses hôtels de plage parmi les meilleurs au monde. Loin de l'afflux touristique, on y trouve pourtant de grands complexes hôteliers destinés à une clientèle haut-de-gamme. On y vient par l'Interamericana, en bon état, qui traverse toute cette région de la frontière du Nicaragua jusqu'à Puntarenas. Le 4x4 reste cependant incontournable pour les routes secondaires qui ne sont pas goudronnées. Au niveau du climat, c'est la région la plus sèche du Costa Rica avec des températures de 25 à 34 °C.

ISLA BOLAÑOS ★★

Refuge national de la faune sylvestre Isla Bolaños, cette petite île de 25 hectares, accessible de Puerto Soley au fond de la baie de Salinas, est un paradis ornithologique. On y recense, parmi les espèces les plus représentatives, des pélicans bruns et des frégates. C'est l'une des zones les plus sèches du pays avec annuellement moins de 1 500 mm.
L'île de Bolaños, de forme ovale, a une altitude de 81 m et est à 1,5 km de la côte. Bahía Salinas est principalement fréquentée par les fous de planche à voile qui connaissent les vents forts de la baie, mais son éloignement des centres touristiques plus développés lui confère un charme à découvrir.

PUERTO SOLEY ★

Petit village de pêcheurs, Puerto Soley est connu pour être un fameux spot de planche à voile.

LA CRUZ ★

À 20 km au sud de la frontière nicaraguayenne, La Cruz est la ville importante de ce bout de pays éloigné de tout. Mais ne vous y trompez pas, ce n'est rien d'autre qu'un village sur l'Interamericana.

PARQUE NACIONAL SANTA ROSA ★

Ce morceau de terre qui couvre presque entièrement la péninsule de Santa Elena – espèce de nez au-dessus de celle de Nicoya – était, il y a quelques années, particulièrement dévasté par la déforestation et les feux de forêts, amateurs de vents secs. La zone a alors été déclarée protégée (en 1971) pour permettre d'une part sa reforestation, et d'autre part l'étude du processus de génération d'une forêt.La Casona a été dévastée par un incendie en 2001, mais le musée a pu retrouver sa place dans la maison reconstruite à l'identique.
Le parc national protège en grande partie l'habitat typique de la forêt tropicale sèche. Pour l'observation de la faune, mieux vaut s'y rendre durant la saison sèche (de décembre à avril) quand les animaux se retrouvent autour des rares points d'eau et que les insectes sont moins nombreux. Mais c'est également pendant cette période que les groupes de visiteurs affluent. En d'autres temps, on venait voir les tortues, notamment celle de Ridley, pondre à Playa Nancite, au nord du golfe Papagayo. Mais l'accès de la plage est maintenant restreint à vingt-cinq visiteurs à la fois, suite à des exactions commises par des personnes indélicates.
D'autres animaux sont visibles presque toute l'année, dont un grand geai noir et blanc qui pousse un cri encore plus rauque que celui de n'importe lequel de ses congénères. Les chauves-souris sont très largement représentées par une bonne cinquantaine d'espèces différentes. Les autres mammifères présents vont du singe au coyote en passant par le coati.
En ce qui concerne la flore, deux arbres sont particulièrement intéressants. Le premier, un arbre imposant au large branchage, a donné son nom à la province du Guanacaste, dont il est devenu le symbole. Le second, le gumbo limbo, est facilement reconnaissable à son écorce brûlée, associée à la couleur des Indiens.

LIBERIA ★

Avec 40 000 habitants, Liberia est la plus grande ville du Nord et la capitale de la province du Guanacaste. Connue pour être un centre d'élevage et une bourgade rurale et tranquille où il fait bon vivre parmi les *sabaneros,* elle se métamorphose peu à peu depuis que le pays délocalise et que l'aéroport est devenu international, désenclavant ainsi la région et permettant aux touristes de rejoindre les plages de la Gold Coast dès la descente du charter. Si les abords de Liberia se sont enrichis d'entreprises dont Plaza Liberia, un centre commercial doté de quatre salles de cinéma, de chaînes de restauration rapide et d'hôtels, le centre-ville n'a guère changé si ce n'est qu'on a mis en valeur la *calle* Real, une rue aux maisons anciennes au sud de l'église aux lignes futuristes.

Liberia est encore parfois appelée la « ville blanche » en souvenir de ses rues régulièrement passées à la chaux, pratique qui a disparu avec l'asphaltage des rues.

GOLFE DE PAPAGAYO

Les plages du Nord-Nicoya (Sud-Papagayo) commencent avec le grand golfe de Papagayo, plus précisément à partir de Playa Ocotal jusqu'à la péninsule de Nascacolo. La première plage en arrivant de Liberia est Playa Ocotal, très agréable et reposante. La célèbre Playa del Coco vient ensuite. Sa renommée ne vient certainement pas de sa plage – qui est quelconque et pas très propre – mais de sa proximité avec Liberia, à une trentaine de kilomètres. La petite ville, qui ressemble à une sympathique station balnéaire familiale de Bretagne, possède plusieurs supermarchés utiles pour l'approvisionnement et quantité de cabinas ou de chambres d'hôtels bon marché par rapport à ce qui est proposé plus au sud. De plus, très fréquentée par les Ticos, elle est plus animée que ses consœurs du sud. En remontant vers le nord – sur la carte parce qu'il n'y a pas de route côtière –, Playa Hermosa et Playa Panamá sont beaucoup moins fréquentées mais tout aussi dignes d'intérêt, et peut-être plus appropriées à la baignade. Playa Panamá fait partie d'un projet de développement et de mise en valeur, appelé « Projet Papagayo », un projet de très grand développement touristique qui se voulait être, au début, un mini-Cancún et qui est maintenant un projet plus modeste, mais tout de même de grande ampleur. Pour se rendre à Playa Nacascolo où se trouve un petit site précolombien – sans grand intérêt il faut le dire –, un seul moyen : sympathiser avec un pêcheur pour qu'il vous y dépose et, très important, qu'il revienne vous y chercher.Géographiquement, le nord de la côte entre la péninsule de Nascacoyo et la frontière nicaraguayenne, bien qu'étant sur la côte Pacifique, n'appartient plus à la péninsule de Nicoya mais au Guanacaste. La première plage de la péninsule de Nicoya est donc la playa Panama, au sud de la bahia de Culebra.

BAHÍA CULEBRA ★★

Au nord du golfe de Papagayo, Bahía de Culebra (« la baie de la couleuvre ») et la superbe Playa Nacascolo, sur la péninsule du même nom, forment une zone quasiment privée, bordées de plages sublimes, qui attire une clientèle haut de gamme en quête d'établissements de luxe. L'accès à Playa Nacascolo est ouvert à tous.

PLAYA PANAMÁ ★★

Située à 3 km au nord de Playa Hermosa. C'est une succession de sable fin et noir, entouré de végétation exubérante. Il y a une petite mangrove à l'estuaire du río Rocha, riche d'oiseaux aquatiques et marins. Les plages isolées et encore naturelles plus au nord de Bahía Culebra ne sont pas accessibles depuis Playa Panamá, sauf en barque ; elles le sont par une autre route en revenant sur Liberia.

PLAYA HERMOSA ★★★

Cette jolie station balnéaire est plus agréable que Jaco, à peine à quelques kilomètres. Sa plage de sable gris, Playa Hermosa, est LE spot pour surfeurs expérimentés. Ce n'est pas un hasard si c'est sur cette plage que se déroule, chaque année en août, une grande compétition internationale de surf. Attention aux baigneurs imprudents car les vagues sont souvent violentes et certains surfeurs, même aguerris, refusent parfois de les affronter. Il est très plaisant de se balader sur cette plage vierge et tropicale délimitée par des arbres au nord et à l'extrême sud, par l'embouchure du río Morete, habitat de tout type de faune et de caïmans. Elle offre une vue sur la Isla de la Viuda et abrite un refuge de tortues loras à son extrémité (Punta Mala). Faites-y un tour en fin de journée. La plage offrant un coucher de soleil parmi les plus beaux de la région. Une halte particulièrement romantique où vous pourrez également faire la fête dans l'un des nombreux bars installés sur la plage.

Coucher de soleil sur Playa Hermosa.

REFUGIO NACIONAL DE VIDA SILVESTRE PLAYA HERMOSA-PUNTA MALA ★★

Sur la pointe Punta Mala de Playa Hermosa, se cache un refuge créé en 1998 et dédié à la protection et la conservation de la torture marine. Chaque année, des milliers de tortues (*Lepidochelys olivacea*) viennent pondre sur cette plage déserte. C'est également ici, en juin 2019, à l'occasion de la journée mondiale des océans, que le président Carlos Alvarado a signé deux décrets par lesquels il réaffirmait l'engagement du pays à assurer la protection intégrale de son territoire marin en conciliant l'utilisation des ressources et leur conservation. Un lieu bien choisi, à forte symbolique, quand on sait à quel point les tortues sont menacées d'extinction. En effet, en 2010, les tortues olivâtres, en voie de disparition, ont vu naître environ 80 000 bébés tortues à Playa Hermosa. Par contre, on ne sait pas combien ont survécu... Fin 2017, les gardiens du parc ont retrouvé 32 tortues et un crocodile capturés et blessés en bord de plage par des filets de pêche et des hameçons... des conditions de vie de plus en plus catastrophiques pour ces créatures marines mais ce refuge a le mérite de leur donner de meilleures chances de survie.

PLAYA EL OCOTAL ★★

Belle et grande plage au sud de Playas del Coco. Elle fait partie d'un grand et ambitieux projet, Proyecto de Conservacion Playa Esmeralda. Ocotal est également un bon point de départ pour admirer les fonds marins du Pacifique.

PLAYA POTRERO ★★

À Potrero, la vie suit le rythme du soleil dans la chaleur ambiante. C'est une plage plus authentique, idéale pour les familles. Ici, on ne vient pas pour surfer. Pour cause, c'est une zone de mouillage prisée.

Farniente sur la plage de Conchal.

PLAYA PAN DE AZUCAR ★★

Au sud de Playa Ocotal, c'est une plage tranquille, quasiment privée. Elle est idéale pour le snorkeling, et c'est un bon endroit pour passer quelques jours au calme.

PLAYA FLAMINGO ★★

Plus au nord, Playa Flamingo doit sa renommée au complexe touristique qui s'y est développé. Alors qu'elle était auparavant connue sous le nom de Playa Blanca – ce qu'est réellement sa plage : blanche –, Playa Flamingo a failli ne devenir qu'une avancée rocheuse couverte de bâtiments roses, qui font des petits gris béton à leur naissance. Heureusement, le développement excessif a pu être évité et les abords de la plage conservent encore beaucoup de charme.

PLAYA BRASILITO ★

Juste entre Flamingo et Playa Conchal, la petite plage de Brasilito nous donne l'impression de vivre à une époque révolue. Les Costariciens pratiquent la pêche pendant que les visiteurs profitent de ce lieu typique.

PLAYA CONCHAL ★★★

Playa Conchal est un pur joyau de la nature, un spot idéal pour nager et plonger avec un tuba pour admirer les poissons tropicaux. Sa plage a la particularité d'être composée de sable et de millions de coquillages broyés par les pas des hommes et érodés par la mer.

GOLD COAST

La Gold Coast ou Costa de Oro, c'est le nom que les Américains ont donné à la côte Tamarindo-Guiones.

TAMARINDO ★★

À une quinzaine de kilomètres au sud de Huacas, Tamarindo est une longue plage de sable presque blanc à l'intérieur de la zone protégée de Las Baulas. Cette station balnéaire incontournable du Guanacaste doit son nom aux tamariniers qui la bordent. Fameuse pour le surf ou la planche à voile, elle est suffisamment protégée pour être également appréciée par les baigneurs peu téméraires, mais il vaut mieux se renseigner avant de plonger, certaines zones étant soumises à des courants traîtres. De chaque côté de Tamarindo, les vagues sont encore meilleures pour le surf, surtout aux alentours des embouchures des rivières, mais il faudra porter votre planche sur quelques kilomètres le long de la plage avant de trouver le bon endroit. En ce qui concerne les infrastructures, Tamarindo est certainement le lieu qui s'est le plus développé au Costa Rica. En quelques années, le village est devenu une petite ville balnéaire très animée et, surtout, très commerçante. Elle est par conséquent très américanisée et très fréquentée par les touristes américains ; les locaux la surnomment même Tamagringo. En effet, on y trouve aujourd'hui de tout, même des boutiques de luxe ! Malgré la crise avérée qui touche le tourisme, les constructions continuent mais heureusement la plage reste préservée, pour le plus grand bonheur de tous.

PLAYA GRANDE ★★★

Le retour des tortues... mais pas les mêmes. À Playa Grande, ce sont les *leatherback turtles* (*tortugas baulas* en espagnol, les tortues luth en français) qui viennent enfouir leurs œufs depuis des millénaires. Peu de plages au monde ont l'honneur de recevoir la visite de ces mastodontes (il n'est pas rare que quelques spécimens atteignent 500 kg pour 2 m de longueur), mais il y en a trois rien qu'au Costa Rica. Les *baulas* pondent entre décembre et mars sur cette plage, étroite et venteuse, sinistre quand il pleut.

A l'entrée, un avertissement en anglais et en espagnol rappelle que, les tortues choisissant toujours le même endroit pour pondre leurs œufs, il est interdit de dégrader la plage, de quelque façon que ce soit, sous peine de ne plus jamais revoir les reptiles. C'est pourquoi l'accès de Playa Grande est contrôlé par des gardiens. La plage est un des spots préférés des surfeurs (que l'on soit débutant ou expert) en raison de ses vagues excellentes.

PARC MARINO LAS BAULAS ★★★

Playa Grande ✆ +506 2653 0470

Les tortues luth (*baulas* ou encore *laúd*) sont les plus grandes tortues de la planète (elles mesurent jusqu'à 2 m de long et pèsent près de 500 kg à l'âge adulte). Leur particularité est de ne pas avoir de carapace comme leurs congénères, mais une épaisse peau cartilagineuse ressemblant à du cuir (d'où son nom anglais, *leatherback*). Depuis des milliers d'années, elles se rassemblent de décembre à mars sur les plages du parc national Marino Las Baulas, qui comprend toute la zone autour de Playa Grande, accessible librement en journée et avec un guide en soirée. Les premiers colons utilisaient leur viande et leurs œufs pour se nourrir, mais cela n'avait pas d'impact véritable sur la population des tortues. Aujourd'hui menacées, et même en danger critique

Jeune surfeuse à Playa Grande.

d'extinction dans certaines régions, elles sont victimes du braconnage (notamment du vol de leurs œufs), de la pollution, de la pêche industrielle et du tourisme. En effet, même si les visites sont restreintes, la présence des visiteurs, et en particulier des lumières blanches sur le rivage aveuglent et désorientent les tortues. Depuis les années 1990, le parc se bat au quotidien pour la conservation de ces géantes des mers et a reconverti bon nombre de braconniers en guides touristiques, de plus la récolte d'œufs n'est plus tolérée, mais le nombre de tortues continue de diminuer... la cause de cette catastrophe écologique se trouve en mer : prises et capturées par les filets de pêche ou encore intoxiquées par la pollution (les tortues confondent les sacs plastiques avec les méduses dont elles se nourrissent), les tortues subissent de plein fouet l'impact environnemental de l'homme. Veillez donc à opter pour une visite responsable et n'hésitez pas à solliciter votre guide afin de vous sensibiliser davantage à la protection de ces magnifiques créatures.

PLAYA AVELLANAS ★★

Cette belle plage de sable blanc, non loin de la mangrove, est réputée pour être un des meilleurs spots de surf de la côte. Ce n'est pas par hasard qu'on l'a surnommée « le petit Hawaii ». Cette plage, tout comme sa voisine Playa Negra, est bien plus préservée que Tamarindo plus au nord ; les constructions sont rares et dispersées. Le paysage change soudainement et on renoue avec la nature sauvage de la côte Pacifique, ce n'est pas plus mal...

PLAYA JUNQUILLAL ★

Une superbe plage de sable gris qui se prête au surf mais pas à la baignade car les courants sont vraiment forts. C'est aussi une plage où les tortues luth aiment bien pondre de juillet à novembre, et les braconneurs ne sont pas rares en cette période, hélas ! Certes, les autorités essaient d'endiguer le trafic mais ce n'est pas très efficace pour l'instant d'après les associations écologistes.

PÉNINSULE DE NICOYA

Une péninsule montagneuse affrontant l'océan par des côtes rocheuses et sauvages tout en dégageant de magnifiques plages de sable fin, telle apparaît la péninsule de Nicoya aux nombreux voyageurs qui la découvrent. Car avec sa forme de « tête de cheval de mer » ou de « pince de crabe » et le soleil de son climat tropical sec, la péninsule est toute tournée vers le tourisme. Ancien territoire des Indiens chorotegas, aujourd'hui disparus, elle est devenue un refuge pour Américains plutôt aisés confortablement installés sur la Gold Coast. Concernant le réseau routier, de gros efforts ont été faits dans la péninsule de Nicoya, ce qui rend le réseau agréable dans les zones localisées au nord et au nord-ouest. L'intérieur du sud de la péninsule est aussi très difficile d'accès.

Côté climat, il fait généralement chaud toute l'année sur la péninsules avec des moyennes de 30 à 34 °C pendant la saison sèche (de décembre à avril) et de 25 à 28 °C pendant la saison de pluies (de mai à novembre).

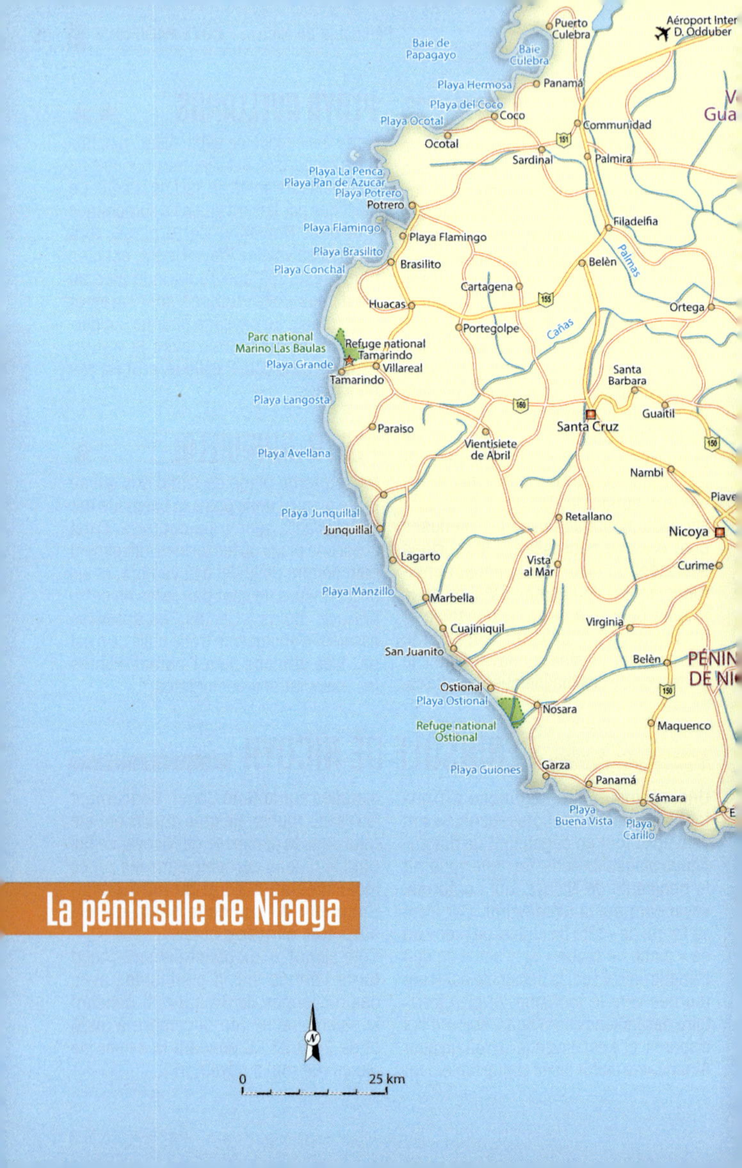

La péninsule de Nicoya

Curiosité
Route principale
Route secondaire
Ville importante
Village
Curiosité
Parc, réserve et refuge
Liaisons ferries
SAN JOSÉ
Vers la Costière Pacifique central
Puerto Moreno
18
Pont de l'Amitié
Quebrada Honda
Puerto Jesus
Nancite
21
GOLFE DE NICOYA
San Pablo
Zapotal
Monte Romó
Carmona
Corozal
Canjel
Jicaral
Lepanto
Puntarenas
1018 m.
Cerro Azul
Ora
Cuajiniquil
Playa Naranjo
Gigante
Réserve biologique Isla Guayabo
Réserve biologique Islas Negritos
Jabillo
162
San Ramon
Bongo
Jabilla
Playa
San Francisco de Coyote
Playa Coyotte
Paquera
Curú
Refuge national Curú
Esperanza
Pochote
160
Tambor
Bahia Ballena
Playa Bongo
Ario
Ario
Cóbano
Manzanillo
Montezuma
Playa Santa Teresa
Malpaís
Cabuya
Réserve naturelle Cabo Blanco

OSTIONAL ★★★

Autour de Nosara, la région forme la réserve faunique d'Ostional, du nom de la magnifique plage du même nom, refuge des tortues Olive Ridley qui viennent y pondre leurs œufs durant la saison des pluies, notamment entre juillet et novembre. Sur cette plage de sable noir, et sur celle de Nancite plus au nord (parc Santa Rosa), les tortues viennent en permanence, mais à certaines périodes elles sont des milliers à s'y s'échouer.

Ces débarquements sont appelés *arribadas* et ont lieu principalement entre septembre et décembre. À l'occasion de ces *arribadas*, c'est la fête au village. Les premiers œufs pondus sur la plage sont traditionnellement ramassés par les habitants regroupés en coopérative et vendus pour être dégustés jusque sur les marchés de San José. Ce geste n'est pas criminel et de toute façon surveillé (c'est la seule plage du Costa Rica qui permet ces ramassages) ; par ailleurs, ces œufs seraient écrasés par la seconde arrivée des futures mères. Les bénéfices sont partagés et destinés au développement de la communauté. Si vous êtes au Costa Rica au moment d'une *arribada* (tenez-vous au courant quelques jours avant une nouvelle lune), ne manquez surtout pas cette marée de tortues. Il est très impressionnant et émouvant de les observer, épuisées par les milliers de kilomètres parcourus, se hissant sur la plage et creusant le nid avec leurs pattes arrière. Pendant ce temps, les enfants courent entre les carapaces, les hommes détectent les nids du bout du pied et les femmes en extraient les œufs. Pendant plusieurs jours, ils ne mangeront plus que ça, gobés sur la plage (c'est, paraît-il, un excellent remontant et un aphrodisiaque honorable) ou frits en omelette. Cela peut paraître choquant, bien sûr, au premier abord mais les faits et les chiffres sont cependant surprenants : ces villageois vivent au rythme d'un animal rare qui risque moins de disparaître, grâce à l'éducation et au bon sens de quelques scientifiques. Les observateurs affirment qu'il y a de plus en plus de tortues (marquées) qui reviennent, ce qui est un réel bon signe. Quelques tortues *leatherback* et tortues vertes du Pacifique viennent également, mais elles sont moins nombreuses. Cependant, en raison de la croissance du tourisme sur la plage, les règles de conduites ne sont pas toujours respectées : en temps normal, seuls les guides locaux y ont accès mais de nombreux visiteurs ont choisi d'y accéder par leur propres moyens ce qui a créé un véritable chaos. Heureusement, en 2016, le gouvernement du Costa Rica a adopté une loi afin de renforcer la protection de ces reptiles et d'empêcher le commerce illégal des œufs. Désormais, lors du passage des tortues, il est strictement obligatoire de se rendre sur la plage encadré par un guide accrédité, par groupes de maximum de 10 personnes et ce pendant seulement 40 minutes.

Au nord de la plage, on peut observer de petites choses adorables comme les anémones de mer, les étoiles de mer ou les crabes transparents dans des petits bassins emplis par la marée. Dans les environs immédiats de la plage, les tatous, les *jaguarundis* (petits félins), les singes hurleurs, les toucans ou les perroquets aiment ce coin de verdure protégé.

VERSION NUMÉRIQUE
OFFERTE
Obtenez votre guide numérique en scannant le QR code
ou rendez-vous sur le site
www.ebookfute.com
avec le code avantage
CFKEU3
petit futé
LE GUIDE QUI VA À L'ESSENTIEL
COSTA RICA
OFFRE VALABLE JUSQU'À L'ARRÊT DE COMMERCIALISATION DU TITRE EN FRANCE MÉTROPOLITAINE ET DANS LE MONDE ET SOUS RÉSERVE QUE LE NOMBRE DE TÉLÉCHARGEMENTS SOIT INFÉRIEUR OU ÉGAL AU NOMBRE D'EXEMPLAIRES DE GUIDES PAPIER IMPRIMÉS. FORMATS DISPONIBLES POUR SMARTPHONES, TABLETTES, LISEUSES ET ORDINATEURS PC OU MAC.
© PERFECTLAB - SHUTTERSTOCK.COM

NOSARA ★

Nosara est un petit village entouré de belles plages mais aussi d'une nature luxuriante grâce à la réserve faunique d'Ostional toute proche. La plage de Nosara n'est pas facilement accessible et on y vient surtout pour pêcher.

PLAYA PELADA ★★

La petite plage de Playa Pelada, au sud de Playa Nosara sur la carte, est spectaculaire en raison de son trou souffleur qui projette l'eau de mer en haute saison ; on peut généralement s'y baigner sans problèmes et c'est une plage très prisée par les locaux. Au nord du village de Nosara, sur la route d'Ostional, un petit chemin vous mènera à Playa Pelada. À cheval, vous pouvez grimper sur le promontoire nord de la plage et profiter d'une belle vue sur Playa Guiones au coucher de soleil (selon nous l'un des plus magnifiques du pays !).

Tortues arrivants sur la plage du refuge d'Ostional.

PLAYA GUIONES ★★

À 4 km du village de Nosara, Playa Guiones est LA plage de surf. Ses vagues sont réputées auprès des surfeurs aussi bien confirmés que débutants.

PLAYA BUENA VISTA ★★

Playa Buena Vista est la plage se trouvant sur la droite de Samara lorsqu'on est face à la mer.

PLAYA SÁMARA ★★

À 35 km de Nicoya, 120 km de Liberia et 290 km de San José, Playa Sámara est une splendide plage de sable blanc de 7 km, protégée par une barrière de corail, riche en faune marine.

PLAYA CARRILLO ★★★

Plus préservée que Playa Samara, Playa Carrillo est époustoufflante. Une longue étendue de sable blanc et un superbe champ de cocotiers caractérise cette plage. C'est vraiment la plage de carte postale où vous aurez bien du mal à cesser de prendre des photos.

MANZANILLO ★★

Cachée à une extrémité de la péninsule, synonyme de tranquillité et de beautés naturelles, avec ses maisons rustiques et l'amabilité de ses habitants, Manzanillo saura vous plaire. Les récifs protègent la plage des rouleaux et des courants marins, la rendant ainsi propice aux loisirs familiaux et à la baignade.

Attention toutefois aux rochers omniprésents. Les lieux sont aussi le point de départ des bateaux de nombreux pêcheurs. A ne pas confondre avec l'autre Manzanillo sur la côte caraïbe, beaucoup plus touristique.

SANTA TERESA ★★★

C'est l'un des paradis des surfeurs et des amoureux des côtes sauvages où la vie coule doucement.

MAL PAÍS ★★★

Mal País est très fréquenté par les surfeurs qui viennent pour les bonnes vagues de sa plage. Et pour ceux qui ne sont pas branchés surf, passer quelques jours dans cette bourgade paisible, non loin de sa plage sublime, est un vrai bonheur aussi.

MONTEZUMA ★★★

Montezuma est souvent appelé par les locaux « Montefuma » en raison du côté baba cool de ses voyageurs qui fument beaucoup (pas la cigarette). Attendez-vous donc à une mini-ambiance à la Woodstock, surtout dans les auberges de jeunesse.

Montezuma pâtit aussi de sa popularité parmi les campeurs et randonneurs, pourtant la beauté de sa petite plage presque intimiste, de ses anses rocheuses et de ses chutes d'eau place le village de pêcheurs dans le peloton de tête du classement des petits paradis costariciens.

■ CASCADAS DE MONTEZUMA ★★

Outre les petites plages de Montezuma, vous pouvez batifoler dans l'eau douce d'un bassin naturel alimenté par de superbes cascades, à 20 minutes à pied au sud du village (pas besoin de guide, mais vous serez sûrement sollicité). Une falaise vous permettra également de plonger. Pour vous y rendre, il faut dépasser l'hôtel La Cascada et suivre pendant 500 m la rivière en amont du pont qui l'enjambe. On dénombre dans le coin plus de 100 cascades sur 20 kilomètres à la ronde ; certaines mesurent plus de 35 mètres. Attention, la balade n'est pas de tout repos et des panneaux rappellent régulièrement les dangers...

■ MARIPOSARIO MONTEZUMA GARDENS ★★

Las Delicias

✆ +506 2642 1317

www.montezumagardens.com

info@montezumagardens.com

Une promenade agréable dans le jardin pour découvrir de splendides papillons tropicaux et des plantes luxuriantes. Les amateurs d'avifaune seront également comblés, il est également possible d'atteindre une petite cascade à pieds.

■ PLAYA BALISTAS ★★

Suivre le sentier Sueco en contournant la pointe de Cabo Blanco (impossible à faire à marée haute, renseignez-vous auprès des gardiens de la réserve pour connaître les heures de marée ou à Montezuma). Comptez deux bonnes heures de marche à l'aller pour cette véritable randonnée ; n'oubliez pas votre ravitaillement en eau potable et de quoi vous restaurer. En route, les singes hurleurs vous attaqueront de façon surprenante, mais le spectacle des colonies de pélicans sur le sable rose vous fera sourire de ces « averses » ...

RESERVA NATURAL ABSOLUTA CABO BLANCO ★★
✆ +506 2642 0312
www.sinac.go.cr
andres.jimenez@sinac.go.cr
Au départ de Montezuma, c'est à 7 km. Il faut suivre jusqu'au bout la route qui passe par Cabuya ; il vaut mieux disposer d'un 4x4.
Du débarcadère de Paquera, compter 3 heures de piste correcte.
À la fin des années 1960, la réserve de Cabo Blanco fut la première du programme de développement des parcs nationaux du Costa Rica. Un biologiste suédois, sensibilisé au problème de déforestation, encouragea la création de cette réserve « absolue » dont la plus grande partie n'est accessible qu'aux scientifiques. Il est donc impossible d'y camper. Le nom de cette pointe de la péninsule provient du dépôt blanchâtre du guano sur les rochers de la minuscule île, au large de la réserve. En effet, de nombreux oiseaux fréquentent les parages. Dernière entrée à 11h pour le sentier de Playa Cabo Blanco. Il faut compter 4h ou 5h pour arpenter ce sentier aller-retour. Le trek dans la forêt jusqu'à la plage est intense (pensez à prendre de l'eau !) mais on arrive sur une belle étendue de sable déserte, avec un hamac qui nous tend les bras et des pélicans en guise de compagnie. Pour les moins endurants, deux autres circuits plus courts sont proposés. Deux boucles (l'une d'une heure et demie et l'autre de 30 minutes) afin d'observer une partie de la flore du parc et espérer admirer quelques animaux de passage. On nous a même signalé qu'il était possible d'y voir des boas constricteurs... Probablement l'un des parcs les plus authentiques du Costa Rica, même si le résultat n'est pas toujours à la hauteur des espérances du visiteur.

Playa Tambor au petit matin.

PLAYA TAMBOR ★★

Playa Tambor borde, avec Playa Pochote, la baie de Bahía Ballena, la plus grande baie de la péninsule. Playa Tambor, une superbe plage de sable gris, est le lieu idéal pour se reposer quelques jours en se ressourçant près de l'océan. La zone a en effet été préservée du développement touristique extrême avec des hôtels disséminés de ci-de là et seuls quelques villages de pêcheurs se trouvent aux environs.

REFUGIO NACIONAL CURÚ ★★★★

À 7 km au sud de Paquera, sur la route de Cóbano, ce refuge de 84 hectares permet de protéger des milliers de crabes, différentes espèces d'oiseaux comme l'ara rouge, le singe hurleur et le très menacé singe-écureuil. Ce refuge, ouvert au public, appartient à la famille Schutt qui est installée au Costa Rica depuis plusieurs générations. Les eaux calmes de cette plage sont propices à la plongée avec tuba. Au cours de balades sur les cinq sentiers de randonnée qui sillonnent les terres, vous pourrez apercevoir des singes (hurleurs, à face blanche et des paresseux), des tortues, des iguanes et certainement un représentant de l'une des 115 espèces d'oiseaux répertoriées en ces lieux. Les plantations de bananes servent à nourrir ces animaux. Les précipitations annuelles sont de 1 900 mm, la température moyenne est de 27 °C.

■ ISLA ALCATRAZ ★★

Lorsque vous ferez le déplacement vers l'île Tortuga, on vous proposera certainement une excursion vers cette île. Un domaine où vous pourrez profiter de plages paradisiaques. Certaines sont vierges et permettent une détente absolue (c'est le cas notamment de la plage recommandée et visitée par l'agence Turismo Curu). D'autres deviennent rapidement bondées du fait du grand nombre de bateaux qui s'y arrêtent. Vous aurez alors le droit aux stands de nourriture et autres activités nautiques payantes. A vous de voir ce qui vous intéresse le plus !

■ ISLA TORTUGA ★★★

Ces îles sont dotées d'une richesse sous-marine incroyable. Les agences en profitent donc pour organiser de nombreuses sorties de *snorkeling* ou de plongée maritime ici même. Une véritable réserve naturelle où poissons exotiques par centaines vivent en toute quiétude ! Lors de cette sortie, selon la saison choisie, vous aurez aussi peut-être la possibilité de voir des baleines. Un spectacle incroyable qui vaut le déplacement à lui seul. Renseignez-vous avant de partir sur l'arrivée ou non de ces attractions de la nature. Ce site est de plus en plus connu donc de plus en plus prisé. Vous ne serez certainement pas seul lors de votre balade, mais les merveilles qui vous attendent méritent le déplacement et l'attente, sans aucune hésitation. Renseignez-vous avant de partir sur cette île et ses environs, car les agences proposent souvent le même tour, mais les conditions de plongée, le matériel utilisé et le style de sortie (plus ou moins respectueux envers l'environnement, plus ou moins festif, etc.) divergent souvent entre les différents prestataires.

■ OBSERVATION DE LA BIOLUMINESCENCE ★★★

Playa Quesera

C'est un phénomène naturel incroyable que vous ne devez pas manquer en venant ici ! La bioluminescence est la production et l'émission de lumière par un organisme vivant *via* une réaction chimique ou naturelle. Plusieurs éléments doivent concorder (notamment : avoir un ciel couvert) pour qu'alors ces organismes produisent une lumière fluorescente, peu commune. C'est le cas sur cette plage Quesera où la nuit venue, sur et près de la plage, on peut assister à ce phénomène naturel. Il s'agit alors d'agiter l'eau pour voir ces éléments s'illuminer pour le plus grand bonheur des visiteurs. Vous en aurez des étoiles plein les yeux. Un conseil toutefois : optimisez votre sortie en mer auparavant en vous renseignant sur la météo. Un phénomène naturel est toujours un peu capricieux même si ici, les chances de le voir sont très fortes !

PAQUERA ★★

Petit village connu pour être une gare maritime de la ville Puntarenas.

RESERVA BIOLOGICA ISLAS NEGRITOS ★★

Située dans le golfe de Nicoya, la réserve biologique Islas Negritos fait partie d'un groupe d'îles dont la faune et la flore sont merveilleuses. Les voyageurs qui empruntent les ferries entre Puntarenas et Paquera, ainsi que les bateaux naviguant vers Isla Tortuga, peuvent les admirer durant la traversée. Las Islas Negritos sont un passage obligé pour les amoureux des oiseaux, de la plage et les Robinson Crusoé en herbe. D'une surface de 80 hectares, cette réserve abrite deux promontoires de roches volcaniques, des oiseaux marins (frégates, mouettes, pélicans) et surtout le perroquet à col jaune, un oiseau dont les couleurs de fête sont une source d'admiration et d'étonnement pour les ornithologues.

NICOYA ★

Patrie des Indiens Chorotegas, cette petite ville du centre de la péninsule doit son nom à l'un des caciques rencontrés par les Espagnols lors de leur arrivée dans la région en 1523. Nicoya est le principal point d'accès au parc national Barra Honda. Son église blanche San Blas, édifiée en 1644, est l'une des plus anciennes du Costa Rica – et l'une des plus jolies.

PARQUE NACIONAL BARRA HONDA ★

À 22 km de la ville de Nicoya et sur une étendue de 2 300 hectares, les cavernes de ce parc souterrain (créé en 1974 pour les protéger), uniques en leur genre, se seraient creusées il y a 60 millions d'années dans un récif marin.

CAVERNAS DE BARRA HONDA ★

Le parc national de Barra Honda possède un vaste réseau de cavernes : depuis l'extérieur on les devine facilement, elles se caractérisent par de grands trous béants que l'on voit partout. Jusqu'à présent, 19 cavernes ont été explorées. Certaines sont plus intéressantes en raison de leur profondeur ou de leur caractéristique. Par exemple, au sein de La Terciopelo (62 mètres de profondeur) on rencontre de curieuses formations de stalactites et de stalagmites après une descente verticale de plus de 30 mètres ! Cette caverne possède aussi les plus grandes salles parmi celles qui ont été découvertes. L'une d'elles, formée par du calcaire d'un blanc immaculé, donne un effet éblouissant. La Trampa (littéralement, «le piège»), présente une profondeur parfaitement verticale de 50 mètres et El Pozo Hediondo est réputé pour son abondance de chauve-souris. On retrouve également le Perico (21 mètres de profondeur), la Sima Ramón Canela (35 mètres), la Santa Ana (240 mètres) et, surtout, la Nicoya (30 mètres). Cette dernière est probablement la plus intéressante puisque parmi ses stalactites géants, on a retrouvé en 1970 une grande quantité de restes humains, d'artefacts, d'ustensiles et d'ornements indigènes. Il s'agirait d'un sanctuaire dans lequel les tribus se livraient à des sacrifices humains.

SANTA CRUZ ★

Bourgade au charme d'antan, Santa Cruz est souvent un peu oubliée lors d'un périple dans la péninsule ; elle recèle pourtant quelques atouts et c'est aussi la cité du folklore. Vers le 25 juillet, la ville célèbre l'annexion du Guanacaste au Costa Rica (en 2015, cela fait 190 ans). Sur plusieurs jours, la fête envahit les rues, colorée et dansante. L'ambiance est excellente.

ISLA DE CHIRA ★★

Au fond du golfe de Nicoya, l'île de Chira (une ancienne colline cernée par les eaux lorsqu'elles ont envahi le golfe) porterait le nom de la première femme qui a vécu ici. Les 1 230 personnes, pour la plupart des pêcheurs et des agriculteurs, qui vivent en permanence sur ce morceau de terre de 27 km² dont presque la moitié est constituée de mangrove, manquent de moyens de subsistance et cherchent d'autres débouchés.

CÔTE CENTRALE

Bordée par l'Océan et les cordillères parallèles à l'Océan, la Côte Pacifique centrale est la région maritime qui s'étend de Puntarenas, au nord-ouest, jusqu'à Ojochal au sud-est. Fortement influencée par le Pacifique, cette étroite bande de sable, pressée par la forêt tropicale, battue par les rouleaux de l'Océan est l'une des régions les plus prisées des touristes.
C'est certainement l'une des plus belles régions du Costa Rica en raison des superbes parcs nationaux qui s'y trouvent. Le parc Marino Ballena et surtout le célèbre parc Manuel Antonio sont de véritables merveilles naturelles de cette zone. En son centre, l'incontournable parc national Manuel Antonio, entouré par une cinquantaine d'hôtels de bon et grand standing, est le joyau de cette côte. Très prisée par les surfeurs chevronnés, cette partie du Costa Rica est aussi un vivier de bons spots. Sans oublier, les amateurs de baignade qui viennent se dorer la pilule sur les plage de Jacó ou Manuel Antonio… En conséquence, sachez que vous ne serez pas les seuls à visiter cette région, particulièrement en haute saison. Côté climat, il fait plutôt assez chaud dans la Côte Pacifique centrale, en moyenne de 30 à 34 °C pendant la saison sèche (de décembre à avril) et de 24 à 27 °C de mai à novembre.

PUNTARENAS ★★

Fondée en 1814, la capitale de la province, avec près de 100 000 habitants, est surtout réputée pour son (ancien) port. Au XIXe siècle, c'est pour les yeux toujours beaux du commerce que l'on construisit la ligne de chemin de fer entre la Vallée centrale et ce port par lequel transitait le café en direction du Chili. Il y a une trentaine d'années, alors que les touristes n'imaginaient pas encore passer leurs vacances dans les forêts plus au nord, sa proximité avec San José et sa facilité d'accès en firent une station balnéaire à la mode. On venait à Puntarenas pour un week-end ; les Joséfinos y achetaient des maisons et quelques Américains s'y retiraient. Puntarenas se faisait alors une réputation de cité touristique, mais la construction par les Japonais d'un port moderne à Puerto Caldera (à 20 km au sud) pour débarquer leurs voitures d'importation a commencé à polluer les eaux et les plages. Ce projet a eu raison de l'écotourisme dans cette zone. Etablie sur une étroite langue de terre parallèle à la côte, Puntarenas – dont le nom signifie « pointe de sable » – paraît petite avec ses quatre cuadras de largeur. De l'avenue centrale qui mène jusqu'au terminal des ferries, on aperçoit la mer à tous les coins de rue.

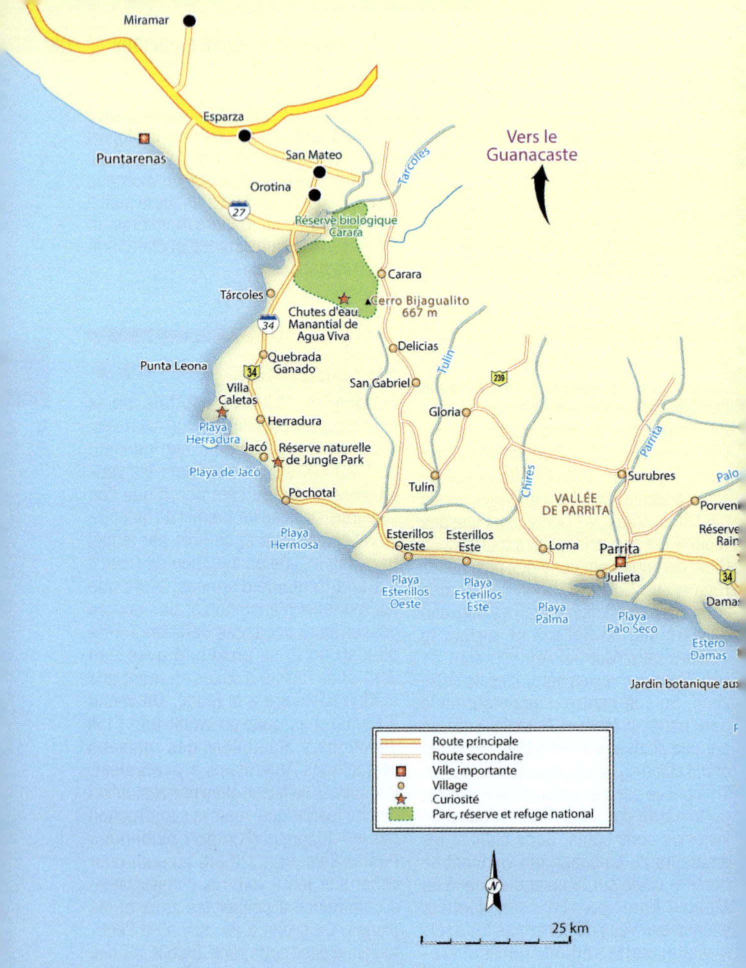

Côte du Pacifique central

SAN JOSÉ
Vers la Vallée Centrale
CHANTA
Naranjo
Savegre
anjito
Esquipulas
Fila San Bosco
Bijagual
Division
Vers les cordillères du Sud
Savegre
ional
ntonio
Playa Savegre
Matapalo
243
Playa Matapalo
Hatillo
Barú
Platanillo
Playa Barú
Hacienda Barú
Dominical
Dominicalito
Escaleras
FILA COSTEÑA
34
Oro Verde
Uvita
Punta Uvita
Rancho Merced
ACIFIQUE
Parc national Marino Ballena
Playa Ballena
Piñuela
Playa Piñuela
Ojochal
Tortuga Abajo
CÔTE BRUNCA
Playa Tortuga
Punta Mala
Coronado
BAHIA DE CORONADO

PARQUE NACIONAL CARARA ★★★

On dénombre plus de 750 espèces végétales dans cette zone de transition entre la sécheresse du nord et l'humidité du sud, l'une des plus remarquables du pays. Au nord-est de la réserve, qui couvre 4 700 hectares, des marais abritent des échassiers et des reptiles. La réserve est très importante pour la lapa roja (ara rouge ou scarlet macaw) dont c'est l'un des derniers habitats de tout le continent américain. Pour en apercevoir, ou au moins entendre leur cri particulier, rendez-vous en début d'après-midi. Deux circuits sont proposés aux visiteurs ; pour le plus court, malheureusement un peu proche de la route, il faut compter trois quarts d'heure à travers la forêt épaisse. Pour ces deux parcours, couvrez-vous bien, particulièrement les jambes et les chevilles : les insectes sont féroces. On s'en aperçoit déjà en s'acquittant du droit d'entrée. Outre ces deux sentiers balisés, d'autres circuits personnalisés peuvent être parcourus en compagnie d'un guide. La meilleure observation se fait tôt le matin. Côté climat, sachez que les températures oscillent entre 24 et 34 °C selon les saisons et que les précipitations sur le parc sont d'environ 3 100 mm par an.

© JUAN AMIGHETTI – ICT
Perroquets dans le Parc national de Carara.

PLAYA BLANCA ★★

Au niveau du complexe Punta Leona, la fameuse plage de Playa Blanca reste accessible à tous (merci la loi de protection du littoral, qui prévoit un accès public à la côte). Le quidam lambda peut donc profiter du sable fin et des eaux turquoise de Playa Blanca (et même y faire un barbecue s'il veut se la jouer tico) mais soyez tout de même vigilant, ne jetez rien, et préservez la beauté des lieux en ne laissant que vos traces de pas en repartant !

RIO TARCOLES ★

Un peu avant le parc en venant d'Orotina s'écoule nonchalant le río Tárcoles. La particularité de ce fleuve, l'un des plus grands du Costa Rica, est de recevoir les eaux usées de plus de 2,5 millions de Costariciens. C'est donc le fleuve le plus pollué du pays (et parmi les plus contaminés d'Amérique du Sud). C'est pour cette raison que plus de 200 crocodiles y ont élu domicile, pas gênés par la saleté ambiante. Vous pouvez les observer facilement depuis le pont qui enjambe la rivière. Ces derniers sont le plus souvent passifs. Le rio Tárcoles abrite le crocodile d'Amérique (cousin du crocodile du Nil, qui atteint lorsqu'il est adulte 5,50 m et pèse 500 kg), ainsi que de nombreuses espèces d'oiseaux (50 espèces vivent à son embouchure à elle seule) comme les hérons, les aigrettes, les jacanas, les spatules rosées... Egalement des iguanes sur les berges. Avec un peu de chance, vous pourrez voir voler de magnifiques aras rouges, qui viennent du parc national Carara tout proche.

MATA DE PLÁTANO ★★

C'est au-dessus de ce village situé à quelques kilomètres de Jaco en venant de Quepos que furent tournées de nombreuses scènes du film *1492* de Ridley Scott, avec Gérard Depardieu et Sigourney Weaver. Lieu de prédilection pour les quads et les VTT, une zone encore sauvage et préservée où il fait bon vivre.

JACÓ ★

Jacó a longtemps souffert d'une image sulfureuse qui s'est heureusement calmée. Idéalement placé à deux pas du parc national de Carara (idéal pour les passionnés d'ornithologie) et à 1h seulement de l'incontournable Manuel Antonio, Jacó est à tort encore bien trop boudé par les touristes. Comparé à ses villes voisines de la côte Pacifique, les prix sont raisonnables et Jacó est un parfait point de départ pour découvrir la région sans trop se ruiner (beaucoup plus économique que Manuel Antonio, tout proche). La ville reste prise d'assaut le week-end et est très prisée par les surfeurs en raison des courants qui y sont modérés. La plage est suffisamment longue pour y installer son bout de serviette, simplement pour écouter les vagues et se laisser dorer. Cette petite cité qui consiste surtout en une rue principale parallèle à la mer, étant la plage la plus proche de San José, est très fréquentée en haute saison mais reste très agréable à vivre au rythme du soleil et des marées. La journée, vous vous baladerez davantage dans les environs afin de profiter du grand air et de la nature luxuriante qui côtoient les abords de la ville. Des nombreuses cascades gratuites aux tours en canopée en passant par la rencontre imprévue d'énormes crocodiles sauvages, les activités sont nombreuses et variées le long de cette côte qui déploie une grande variété de paysages. Enfin, située à 1 heure 30 de l'aéroport, Jacó peut être un bon endroit pour terminer son séjour et profiter encore un peu du Pacifique avant de prendre son vol en soirée.

PLAYA HERMOSA ★★★

Cette jolie station balnéaire est plus agréable que Jaco, à peine à quelques kilomètres. Sa plage de sable gris, Playa Hermosa, est LE spot pour surfeurs expérimentés. Ce n'est pas un hasard si c'est sur cette plage que se déroule, chaque année en août, une grande compétition internationale de surf. Attention aux baigneurs imprudents car les vagues sont souvent violentes et certains surfeurs, même aguerris, refusent parfois de les affronter. Il est très plaisant de se balader sur cette plage vierge et tropicale délimitée par des arbres au nord et à l'extrême sud, par l'embouchure du río Morete, habitat de tout type de faune et de caïmans. Elle offre une vue sur la Isla de la Viuda et abrite un refuge de tortues loras à son extrémité (Punta Mala). Faites-y un tour en fin de journée. La plage offrant un coucher de soleil parmi les plus beaux de la région. Une halte particulièrement romantique où vous pourrez également faire la fête dans l'un des nombreux bars installés sur la plage.

PLAYA ESTERILLOS ★★

Playa Esterillos est une des jolies plages de sable gris que l'on trouve sur la route entre Jacó et Quepos.

PARRITA ★

Ce village au bord de la rivière posséde une grande usine d'huile de palme ; si vous passez à proximité, vous verrez que ça ne sent pas très bon d'ailleurs. Cette huile est décriée par les écologistes en raison de la déforestation qu'elle engendre et de ses effets nocifs sur la santé comme le disent de nombreux médecins (problèmes cardiovasculaires en augmentation). C'est cependant une industrie qui prospère ici car l'huile se vend bien, vu que c'est une des moins chères du marché. Vous pourrez apercevoir dans les champs les ouvriers qui protègent les palmiers des insectes et autres parasites, en les aspergeant d'insecticide (autre problème pour l'environnement). Ils récupèrent aussi les fruits des palmiers qui, une fois pressés, donnent la fameuse huile de palme.

QUEPOS ★★★

La première personne à découvrir la côte de Quepos et Manuel Antonio fut Hernán Ponce de León, le découvreur de la Floride, en 1519. Mais ayant eu peur des Indiens attroupés le long du rivage, il ne débarqua point ses troupes. Ce n'est qu'en 1563 que Juan Vásquez de Coronado, à la recherche des chimériques sept cités de Cibola, osa poser le pied à Quepos. Il noua des relations de paix et d'amitié avec les indigènes qui vivaient à l'embouchure du río Naranjo après les avoir tirés d'affaire contre les Indiens Coto. Le nom de Quepos vient de la tribu indienne Quepoa – des Borucas originaires de Colombie – qui vivait ici et disparut à la suite de la conquête espagnole. Fins tisserands, les Indiens confectionnaient des vêtements élégants pendant que les femmes surveillaient les cultures. Les hommes chassaient, pêchaient, bâtissaient et participaient aux rituels dirigés par un chaman. Tous ensemble, ils passaient des collines au bord de mer en fonction des saisons.

C'est le prêtre Martín de Bonilla qui persuada Coronado de solliciter auprès du roi Philippe II la charge de créer au Costa Rica la première mission catholique à Quepos. Etablie en 1570 par le frère Juan Pizarro deux cents ans auparavant, la première mission de Californie, la communauté cléricale San Bernardino de Quepo, dut cesser ses activités en 1746. Quelques ruines de la mission ont été redécouvertes en 1974. La légende, développée par le corsaire anglais John Clipperton, dit qu'un fabuleux trésor a été enterré ou immergé dans les environs de Quepos. Les Indiens de Quepos avaient tous disparu après deux cent vingt années de présence espagnole.

MANUEL ANTONIO ★★★★

Située à 7 km de la ville de Quepos, la ville de Manuel Antonio n'a de véritable attrait que le parc national du même nom bordé de plages de sable blanc. Un cadre majestueux d'harmonie naturelle, entre plages, forêts tropicales, océan et mangroves. Le parc est souvent mentionné comme le grand incontournable d'un voyage au Costa Rica : sa proximité avec San José facilite le transfert des voyageurs un peu pressés ; une destination populaire, donc, pour celles et ceux qui n'auraient pas le temps d'explorer les autres merveilles plus lointaines du pays. Emblématique pour sa faune, Manuel Antonio est un véritable concentré des animaux que l'on peut trouver au Costa Rica ; c'est le refuge de nombreux oiseaux migrateurs, 180 espèces recensées, qui se plaisent dans les forêts primaires et secondaires, dans la mangrove et sur les dizaines d'îlots proches du littoral. Vous vous attendrez sûrement à y découvrir des paresseux, des singes et des iguanes, mais vous serez sûrement très surpris par les trésors innombrables que recèle le parc : des crabes multicolores, de grosses chauves-souris, des ratons laveurs ou encore des tortues. On y trouve également plus de 100 espèces de mammifères. En dehors de son parc, une belle plage de sable fin plaira autant aux surfeurs qu'aux baigneurs et aux adeptes du farniente. Sur les hauteurs de Manuel Antonio, on trouve des petits restaurants sympathiques avec une vue imprenable sur l'océan et le coucher du soleil. Côté climat, vous aurez chaud car il fait en moyenne 30 °C toute l'année. Il pleut surtout pendant la saison verte (3 400 mm de précipitations par an).

MATAPALO ★★

Première étape importante sur la Costanera Sur, à une bonne heure de Quepos, Matapaló commence à être très connue dans la course aux nouveaux lieux de villégiature. Sa plage est immense (pas loin de 45 km !) et encore quasi déserte, et la montagne est déjà toute proche. La bourgade qui s'étire autour de la cancha de fútbol a longtemps été protégée par le mauvais état de la route entre Quepos et Dominical qui ressemble à ce qu'était toute la Costanera, il n'y a pas si longtemps.

DOMINICAL ★★★

À 45 km de Quepos, sur la Costanera Sur, Dominical (un petit village avec un chemin de terre) est une première étape vers le bout du monde, plus vierge et plus sauvage que Manuel Antonio. Le paysage fantastique et le parc national Marino Ballena, tout proche, attirent les touristes. L'atmosphère est douce, plutôt bobo et orientée bien-être : yoga, *healthy food* et séances de ukulélé sur la plage. Les surfeurs connaissent bien le spot de Dominical, à l'ambiance *mochilleros* (voyageurs en sac à dos, les *backpackers*) si caractéristique. Mais, attention, comme toute plage de surf, celle-ci, pourtant magnifique, se montre dangereuse envers les baigneurs (éviter absolument l'embouchure de la rivière Barú au nord de la plage). À une petite demi-heure de là, on peut trouver de superbes petites criques désertes et propres à la baignade. Lors de randonnées équestres, vous pourrez admirer quelques-unes des plus belles cascades du Costa Rica, dont les plus connues sont Nauyaca et Salto Diamante.

PUNTA UVITA ★★

À 17 km au sud de Dominical, toujours sur la Costanera Sur, la petite ville est encore dans l'ombre de sa grande sœur. Mais quand on voit le charme de ses plages et des alentours... On est tout de même sacrément impressionné ! C'est aussi un bon point de chute si on souhaite visiter le parc national Marino Ballena et son fameux *tombolo* en forme de queue de baleine, et pour les surfeurs débutants en raison des vagues relativement calmes.

PARQUE NACIONAL MARINO BALLENA ★★★

À 187 km au sud de San José (via San Isidro et Punta Uvita ou par la Costanera via Dominical), un parc de 50 hectares terrestres, 4 500 hectares marins en mer. Vous trouverez une pension près du parc, sinon un logement à San Isidro, à Quepos ou à Dominical, à 18 km au nord. Pas de sentiers balisés. Dans la baie de Coronado, au sud de Dominical (province de Puntarenas), ce parc récent (1989) protège des plages, des falaises, des îles et des récifs rocheux. Au large de la côte, le récif de corail poreux représente une zone importante d'habitat et de reproduction de la faune marine. C'est aussi l'un des sites les plus méridionaux pour la reproduction de la baleine jorobada (*Megaptera novaeangliae*) qu'on peut y apercevoir presque toute l'année. Autre curiosité : le parc abrite six espèces de mangrove dont une très rare.

Côté climat, le parc reçoit en moyenne 2 700 mm de précipitations chaque année et il y fait en moyenne 27,5 °C.

OJOCHAL ★★

À une quinzaine de kilomètres au sud de Dominical, après Uvita, Ojochal est un village cosmopolite regroupant une communauté multiculturelle originaire d'Europe, d'Amérique du Nord et du Québec. C'est son réel sens de la communauté qui rend ce village si spécial. En tant que capitale gastronomique, elle attire de nombreux touristes qui font le déplacement rien que pour déguster les spécialités culinaires de ses établissements dont la renommée n'est plus à faire.

GOLFO DUCE ET PÉNINSULE D'OSA

Comprise entre la partie méridionale de la côte Pacifique, à peu près au sud de Dominical, la frontière panaméenne et, à l'est, les hautes montagnes de la cordillère de Talamanca, cette région maritime du sud du Costa Rica est composée d'un grand golfe d'eau douce et d'une péninsule. De tradition agricole – à l'origine la banane –, elle abrite le parc national Corcovado qui est considéré comme ayant l'une des plus grandes biodiversités de la planète. Les sites naturels étant d'une exceptionnelle beauté, le tourisme s'y installe doucement.

Côté climat, c'est l'une des régions les plus humides du Costa Rica (le parc national Corcovado dans la péninsule d'Osa en détient le record) et il y fait assez chaud (en moyenne : 30 °C pendant la saison sèche et 25 °C pendant la saison des pluies).

PAVONES ★★

C'est la Mecque des surfeurs, avec sa longue gauche, parmi les plus belles vagues du monde. À une dizaine de kilomètres au sud de Zancudo, Pavones est constitué de deux plages : Playa río Claro et Punta Banco qui sont les meilleures plages de la côte Pacifique pour le surf, selon les plus chevronnés de la planche. Les plus belles vagues se manifestent au début de la saison des pluies, en mai. Il faut montrer une réelle envie de surfer pour parcourir le chemin qui mène à la baie de Pavones.

ZANCUDO ★★★

Zancudo est avant tout célèbre pour sa plage. Envahie de mangrove des rivières Conte et Colorado, Playa Zancudo est la plage la plus proche de Golfito. Quasi déserte, cette plage de sable noir est la première sur laquelle il est possible de se baigner et de surfer, en partant de Golfito qui est à 15 km.

On peut aussi aller se promener au village de Zancudo, situé à l'est de la plage ; il est particulièrement paisible et reposant. Quant à la plage, elle est parfaite pour l'observation des oiseaux, la pêche, la baignade ou le surf, à moins que vous ne préfériez le farniente total.

GOLFITO ★★

Golfito est une étape quasi obligée et le principal pôle de développement de la région. La cité est pourtant de taille très moyenne, recroquevillée entre une colline aux pentes si abruptes qu'elle pourrait être une falaise (le refuge de vie sylvestre), la jungle et l'océan. Mais elle doit son statut actuel de port à l'intense trafic bananier qui animait ses quais jusqu'en 1985, date à laquelle l'United Fruit Company ferma ses portes, faute de rentabilité au sein du marché économique mondial.

■ REFUGE NATIONAL DE GOLFITO ★★

Le nouveau bureau d'administration se trouve à Golfito derrière l'aérodrome. Prenez donc cette direction puis continuez en direction des bois. Le vrai nom est « refuge national de la vie sylvestre de Golfito ». C'était une bonne idée de créer cette réserve au-dessus de Golfito. Du haut de 400 m d'altitude, 1 310 ha de forêt primaire tropicale humide assurent à la ville un potentiel en eau toujours renouvelé et la sauvegarde de plus de 200 espèces végétales, dont certaines étaient franchement menacées. Une faille tectonique pourrait être à l'origine de l'escarpement de la colline qui isole le site de Golfito des plaines du Sud-Ouest. Malgré sa taille relativement réduite, le refuge accueille un grand nombre d'animaux, de mammifères ou d'oiseaux, facilement observables depuis les sentiers qui partent de La Torre. L'entrée des sentiers Colibrí et Catarata se trouve au niveau des installations de l'aéroport (prendre la route qui passe derrière ce dernier). C'est là que vous trouverez les nouvelles installations du parc où vous bénéficierez de tous les conseils nécessaires pour une randonnée en tout sécurité. Le sentier Colibri ne vous prendra qu'une toute petite demie heure. L'occasion d'y voir de très rares animaux. Le second mène, après une marche éprouvante, à la cascade où il est possible de prendre un verre et de se baigner. Les chances d'y voir des animaux y sont décuplées.

Dekita del Terraba
Cortés
Terraba
Bahia de Coronado
Camibar
Isla Zacate
Sierpe
Isla Violin
Punta Violin
Sierpe
Punta Sierpe
Potrero
Chocuaco
Réserve biologique Isla del Caño
Bahia Drake
Drake
Agujitas
Rincón
Refuge nat. de vie forestière Punta Rio Claro
Réserve biologique Campanario
Rincón
Réserve privée de Marenco
San Pedrillo
Parc national Corcovado
Playa Llorona
Lagune Corcovado
745 m
Sirena
Madrigal
SAN JOSÉ
Isla Manuelita
Bahia Weston
Bahia Chatham
Isla del Coco
Bahia Wafer
Parc national Isla del Coco
634 m
N
0
25 km

Route principale
Route secondaire
Ville importante
Village
Curiosité
Parc, réserve et refuge
Réserve indigène
Vers les cordillères du Sud
FILA COSTEÑA
FILA COSTEÑA
Villa Colón
Venecia
Chacarita
Piedras Blancas
Guaria
Esquinas
Parc national Piedras Blancas
Briceño
Gamba
Rio Claro
Caracol
Ciudad Neily
Maison des Orchidées
Refuge national de Golfito
Golfito
Playa Cativo
Playa San Josecito
Playa Cacao
Coto 47
Unión
GOLFO DULCE
Coloradito
Coto
VALLÉE DE COTO COLORADO
Pueblo Nuevo
Colorado
Paso Canoas
Puerto Jiménez
Zancudo
Playa Zancudo
Sábalos
Playa Platanares
Colorado
La Cuesta
PÉNINSULE DE OSA
Platanares
Playa Tamales
Bahia de Pavon
Pavones
Laurel
Puerto Gonzalez Viquez
Agua Buena
Playa Sombrero
El Higo
Vaca
Punta Banco
Nicaragua
Cabo Matapalo
Tiskita
PANAMÁ
Réserve indigène Guayami de Conte-Burica
Péninsule de Burica

PALMAR NORTE – PALMAR SUR ★

Les deux villes ne sont en fait qu'une seule cité, coupée en deux par le río Térraba. Au centre de la vallée du Diquis, dans une région de bananeraies, c'est ici qu'on peut voir ces mystérieuses sphères de pierre identiques à celles découvertes à Isla del Caño. Située sur le delta de la rivière Sierpe, elle héberge l'une des plus grandes mangroves du monde.

C'est d'ailleurs pour cela que la ville est fréquemment animée par des groupes de touristes venant préparer leur expédition vers la péninsule d'Osa. Nous vous conseillons plutôt de résider à Sierpe, plus au sud, d'où partent les bateaux pour Corcovado et la Isla del Caño.

SIERPE ★★

Sierpe est véritablement la porte d'entrée de la péninsule d'Osa et de ses joyaux (réserve biologique de Isla del Caño, parc national du Corcovado...). La petite ville est traversée par le fleuve du même nom. Formé de nombreuses courbes, il a en effet les allures d'une silhouette de serpent. On y vient pour prendre le bateau et se rendre notamment à Drake Bay (à 1 heure de bateau) ou pour étudier la plus grande étendue de mangrove du Costa Rica et d'Amérique centrale. L'estuaire est magnifique et absolument unique : l'eau douce du fleuve et de l'eau salée de l'océan offrent un panel d'écosystèmes et de paysages qui changent au fur et à mesure que vous descendez le Sierpe. C'est un petit village tranquille, après des plantations de palmes au sud de Palmar ; tout s'y passe autour de la place principale à côté de l'embarcadère. La Finca 6, un grand site archéologique, a ouvert ses portes à 5 km de Sierpe, pour éclaircir le mystère des sphères de granite trouvées dans la région. Sierpe s'ouvre donc petit à petit au tourisme, mais deux menaces pèsent déjà sur lui. Celle d'un aéroport international comme à Liberia, qui accélérerait le développement de la région comme cela a pu être le cas sur la côte nord du pays. Et celle de la création d'un parc national autour de la mangrove qui engendrerait, selon les habitants, la disparition de leur village. Si la perspective d'un aéroport ne déplaît pas à tous (les terrains pourraient se vendre très cher pour que de grands hôtels se construisent...), les habitants s'élèvent tous ensemble contre le classement de leur mangrove en parc national. Ils s'en occupent très bien tout seuls et n'ont pas envie qu'on vienne les embêter !

■ MUSEO FINCA 6 – SPHÈRES DE GRANITE ★★★

✆ +506 2100 6000
finca6@museocostarica.go.cr
À 5 km avant Sierpe.

Le récent site archéologique Finca 6 permet de voir les mystérieuses sphères héritées des civilisations précolombiennes ; on ne sait quasiment rien de leur origine ou de leur utilisation. mais ce musée permet d'obtenir quelques renseignements sur les différentes pistes qu'étudient les scientifiques. Un musée très intéressant et particulièrement intrigant puisqu'il donne quelques clés de lecture intéressantes. En dehors du musée, on peut voir également de nombreuses sphères à Palmar et à Sierpe.

DRAKE BAY ★★★

Au nord-ouest de la péninsule d'Osa, cette petite baie enchanteresse fut probablement découverte par le grand navigateur Francis Drake en 1579. Des eaux calmes et très poissonneuses, un petit village tranquille aux enfants rieurs (Agujitas), la proximité de quelques-uns des plus beaux endroits du pays, dont le parc national Corcovado et l'Isla del Caño, et une infrastructure qui tend à se développer attirent de plus en plus de touristes.

Que l'on se rassure cependant, ce ne sont pas encore les foules déferlantes des plages du Guanacaste, parce qu'il faut le vouloir pour venir jusque-là ! Mais quel ravissement une fois sur place...

Pour ce qui est de se distraire, aucune inquiétude : toutes les envies, ou presque, peuvent être satisfaites, du farniente le plus total aux expéditions en mer de quelques jours.

RESERVA BIOLÓGICA MARENCO ★★

L'ancienne station biologique de Marenco, au nord-ouest de Corcovado, est devenue une réserve censée protéger les abords du parc national. En exerçant ce rôle de tampon, elle contribue également à intégrer la population locale à l'effort de préservation en lui donnant l'occasion de travailler à l'entretien des forêts et à l'accueil des visiteurs, chercheurs, étudiants ou touristes.

PLAYA SAN JOSECITO ★★

En continuant vers le parc national, on trouve San Josecito, une plage idyllique. Elle s'étend sur plusieurs kilomètres et est préservée de la foule, pour le plus grand bonheur des touristes qui ont choisi ce coin de la péninsule. C'est sans doute la plage la moins fréquentée et la plus belle.

C'est aussi le point de rendez-vous des visiteurs qui partent en excursion pour la journée et qui ne logent pas à Drake Bay même. Les courants n'étant pas forts, on s'y baigne aisément et en toute sécurité.

RÍO CLARO ★★

Un peu après Marenco, à une heure de marche par le sentier qui suit la côte et traverse de nombreuses criques toutes plus sublimes les unes que les autres, se trouve le río Claro. Un lieu naturel magnifique. C'est ici que l'on peut trouver un loueur de kayak pour explorer la mangrove. L'eau est, comme son nom l'indique, claire et à son embouchure, on peut en profiter pour se baigner dans une eau douce face au tumultueux océan.

PARQUE NACIONAL CORCOVADO ★★★

Créé en 1975 et d'une extension de 42 469 ha, ce parc renferme des indices de la présence de groupes indigènes de la période préhispanique. Il protège l'ultime portion de forêt tropicale humide du Pacifique d'Amérique centrale. Les interférences entre les écosystèmes terrestres et marins confèrent à ce parc une abondante biodiversité. Une faune riche et variée peuple ce parc, on y trouve quelques spécimens menacés comme le puma, le jaguar, le tapir ou le crocodile qui vivent parmi les 500 espèces d'arbres.

PUERTO JIMÉNEZ ★★★

Cette petite ville – la seule digne de ce nom dans la péninsule d'Osa – a connu sa plus grande période de développement après la découverte de filons d'or dans la région. Les mineurs et les commerçants ont afflué vers ce petit centre, à présent facilement accessible. Le mouvement de population a décru, les infrastructures sont restées. Le tourisme s'est suffisamment développé pour maintenant faire partie des projets de développement des 4 000 habitants, qui se souviennent, peut-être, qu'ils vivent sur une côte longtemps maudite. En effet, Puerto Jiménez aurait été fondé par un groupe de prisonniers envoyés ici avec ordre de ne jamais remettre les pieds sur ce que l'on appelle le continent. On parle encore de gens devenus fous sous ce climat... Aujourd'hui, c'est aussi le principal point d'entrée du parc national Corcovado, du moins pour les entrées de La Leona et de Los Patos.

PLAYA PLATANARES ★★

Non loin de Puerto Jimenez sur la péninsule d'Osa, Playa Platanares est l'une des plus plages les plus charmantes de ce côté du Golfo Dulce. Les familles avec de jeunes enfants seront tranquilles : la mer est calme. Niveau paysage, mangroves et bananeraies !

DOS BRAZOS ★★

C'est un village légendaire. Il y a plus de 50 ans, l'or (l'un des plus purs au monde) a attiré de nombreux aventuriers. Les chercheurs d'or entamaient leur périple le long du río Tigre pour aller fouiller le lit de la rivière ou percer des tunnels. Dos Brazos a vécu de nombreuses années autour de l'extraction de l'or, le village était fort vivant. Aujourd'hui, l'orpaillage est illégal. Beaucoup d'habitants le pratique encore, mais la communauté a décidé de prendre son avenir en main, de protéger et de valoriser cet environnement naturel incroyable et de développer le tourisme éco-responsable. L'ouverture du parc national a transformé les orpailleurs en guides touristiques. Ils connaissent parfaitement la nature qui les entoure et ont des tas de choses à raconter ! Si l'activité qui y règne n'est plus aussi intense, l'atmosphère, l'éloignement et la gentillesse des habitants laissent un excellent souvenir.

SENDERO EL TIGRE ★★★

✆ +506 8323 8695
www.dosbrazosderiotigre.com
info@dosbrazosderiotigre.com

De nombreuses activités sont possibles aux alentours du village. Vous pourrez parcourir de magnifiques sentiers pédestres dans la forêt tropicale primaire (Rio Claro, Corcovado, Bollita...), aller à la rencontre des chercheurs d'or, observer les oiseaux (la zone est reconnue mondialement pour le *birdwatching*) et même découvrir les ruines cachées de villages pré-colombiens... Les randonnées pour Le Sendero El Tigre, géré par la communauté de Dos Brazos (ancien village de chercheurs d'or), partent tôt le matin (entre 6h et 9h) car il faut compter entre 6h et 8h de marche pour faire la boucle. Le Sendero del Tigre offre une immersion toutefois différente des autres randonnées de la région : la faune est moins abondante mais on se laisse davantage captiver par les bruits, les textures, les odeurs et les couleurs de cette forêt primaire absolument captivante. Les arbres sont magnifiques, leur hauteur majestueuse et leurs racines leur donnent des formes très étonnantes.

ISLA DEL COCO ★★★

Ce pourrait être le mythe absolu de l'île vierge. Les rares tentatives pour peupler l'île à la fin du XIXe siècle et au début du XXe siècle ont toutes échoué. Elle appartient à la chaîne volcanique des Cocos. Son humidité attira l'attention des marins qui, dès sa découverte en 1526 par l'Espagnol Joan Cabezas, y trouvèrent les indispensables réserves d'eau pure, mais aussi des fruits frais – notamment la noix de coco – grâce auxquels les équipages épuisés pouvaient lutter contre le scorbut. Ensuite, des rumeurs – légendes ? – lui valurent d'innombrables et infructueuses expéditions. En effet, de nombreux pirates y auraient enterré leurs trésors. Et depuis, les chercheurs de trésors espèrent trouver le gros lot. Aujourd'hui, malgré son isolement, la Isla del Coco jouit d'une réputation qui la situe à part dans l'écosystème planétaire. De quoi attirer les écolos les plus radicaux ! On y a répertorié près de trois cents espèces animales et végétales qui n'apparaissent nulle part ailleurs dans le monde, mis à part quelques lointains cousins aux Galápagos. La faune marine est tout aussi exceptionnelle, des eaux riches en phytoplanctons et des courants tourbillonnants créant des conditions de vie hors du commun. Au milieu du récif corallien, des myriades de poissons festoient de ces riches repas, devenant eux-mêmes repas pour les autres jusqu'au bout de la chaîne alimentaire. Ainsi les plongeurs peuvent fréquenter en grand nombre des raies pastenague, raies manta, requins-marteaux, requins à nez blanc et même le grand mais paisible requin-baleine. Bref, c'est un monde fabuleux, merveilleux et inquiétant qui vous attend sur la Isla. Playa Del Coco offre une expérience riche en vie sous-marine : raies-aigles, raies pastenague. Les rencontres avec les requins de récif sont extrêmement fréquentes et les sorties sur les îles de Batte permettent les rencontres avec les requins-taureaux. Les tortues sont à peu près partout. Tout comme les pieuvres qui affichent leurs couleurs pendant que les hippocampes se balancent au gré des marées. Vous croiserez baleines et requins, en général à la saison où le plancton est très abondant, mais vous pourrez aussi rencontrer le « poisson-grenouille ».

LE CERRO IGLESIAS ★★

C'est le point culminant de l'île. Depuis ses 634 mètres d'altitude, il offre un point de vue exceptionnel sur les environs. Mais pour arriver au sommet, il faudra d'abord traverser une épaisse forêt tropicale humide. Vous serez sûrement surpris par la taille des arbres : gigantesques !

Isla del Coco.

VISITE

CORDILLÈRES DU SUD-EST

L'épine dorsale de l'isthme central-américain – la cordillère de Talamanca – est la région des cordillères (hautes montagnes) comprise entre le centre sud et le sud-est du pays. Cette région, de tradition agricole (café, pommes, cerises ou mûres en altitude...), frontalière avec le Panamá, est peu développée, peu urbanisée et assez peu affectée par le tourisme malgré son fort potentiel en richesses naturelles. Hautes montagnes et vallées se succèdent offrant ainsi le cadre de la plus grande réserve naturelle (le parc international La Amistad) partagée entre Costa Rica et Panamá, et qui est reconnu biosphère par l'UNESCO.

PARQUE NACIONAL TAPANTÍ ★

Créé en 1992 à une cinquantaine de kilomètres de San José, il a été agrandi en 2000 par l'adjonction de la réserve forestière Río Macho pour ainsi devenir l'une des plus grandes forêts protégées du pays. Entre les 700 m d'altitude de Tapantí et les 3 491 m du Cerro de la Muerte, les températures varient beaucoup, les écosystèmes aussi. Le parc occupe une zone considérée comme l'une des plus humides du Costa Rica avec près de 8 000 mm de précipitations annuelles. Il protège une grande richesse écologique au sein de 5 zones : les forêts humides et pluvieuses de basse altitude, la forêt pluvieuse de moyenne montagne, la forêt d'altitude et le *páramo*. La végétation spécifique à la montagne tropicale permet l'habitat d'espèces animales qui profitent de l'immense corridor biologique formé par l'ensemble des parcs et réserves qui s'étendent au sud jusqu'au Panamá. Les réserves hydrologiques sont également énormes et garantissent à près de 50 % l'approvisionnement en eau de l'agglomération de San José. Sur un plan purement pratique, le parc est encore peu développé et on ne peut en profiter réellement que dans le secteur de Tapantí ou à sa périphérie, comme aux abords de la Reserva Forestal Río Macho au nord de Cañón. Cette dernière, fondée en 1946, est l'une des plus anciennes zones protégées du Costa Rica. En ce qui concerne le logement à proximité, voir Orosí et Paraíso dans la Vallée centrale.
La Reserva Biológica Cerro Las Vueltas, sur l'Interamericana vers le km 70, ne fait pas partie du parc national Tapantí-Cerro de la Muerte, mais est remarquable par le fait qu'elle constitue la limite septentrionale du paramó andin.
La Reserva Forestal Los Santos est une grande zone protégée à l'ouest de l'Interamericana le long de la portion appelée « la route des saints ». Elle couvre près de 80 % du canton de Dota, dont le nom viendrait du cacique quepos Ota, l'un des premiers à avoir entrepris la traversée de la cordillère. Cette région a très fortement souffert de la déforestation et c'est ici qu'on rencontre le plus de motivation et d'implication dans les mouvements consacrés au développement durable. Côté climat, il faut prévoir beaucoup de précipitations dans cette région avec des températures fraîches à cause de l'altitude (de 10 à 25 °C de décembre à avril et de 6 à 17 °C de mai à novembre).

SAN GERARDO DE DOTA ★★

Il n'y a pas à proprement parler de centre du village ici, c'est surtout un point d'entrée pour le parc national.

■ PARQUE NACIONAL LOS QUETZALES ★★
Lieu-dit Ojo de Agua
Au km 76,5 de l'Interamericana
Entre Providencia et San Gerardo de Dota ✆ +506 2206 5020
www.sinac.go.cr
info@sinac.go.cr
Si vous venez en bus depuis San José (ou San Isidro), le conducteur peut vous laisser près de l'entrée du Cerro de la Muerte, au niveau du célèbre restaurant de l'Interamericana Chespiritos, avant l'embranchement pour San Gerardo de Dota.
Depuis 2006, la protection des habitats d'espèces endémiques et la reproduction du quetzal est la mission première de ce tout jeune parc. Sa création a pour objectif de promouvoir la politique de tourisme durable du río Savegre, de neutraliser les émissions de dioxyde de carbone... et bien sûr, de protéger le magnifique quetzal. Foyer de ce petit oiseau au plumage merveilleux, ce parc offre une biodiversité unique (14 écosystèmes dans trois zones de forêt différentes). On recommande d'y aller tôt le matin pour avoir une chance d'admirer *los quetzales* ! Sentiers balisés de différentes longueurs. Si vous voyez un attroupement, c'est certainement que l'oiseau tant convoité est bien là. Un oiseau d'une beauté unique !

SAN ISIDRO DEL GENERAL ★

Avec 40 000 habitants, San Isidro, qui doit son développement aux plantations de café et aux cultures fruitières de la région, est l'étape importante sur la route du sud. Son nom est celui du saint patron des agriculteurs ; les récoltes sont bénites le jour de sa fête le 15 mai. D'autres réjouissances de nature agricole ont lieu fin janvier et début février et sont l'occasion d'expositions diverses, horticoles entre autres, dans toute la ville.

PARQUE NACIONAL CHIRRIPÓ ★★

Créé en 1975, voici le plus grand parc national du Costa Rica (50 150 hectares), si l'on excepte La Amistad, à cheval sur deux pays. C'est également le plus élevé, avec une altitude moyenne de 2 500 m et trois sommets de plus de 3 800 m, dont le Chirripó qui marque traditionnellement l'extrémité nord des Andes. Plusieurs itinéraires partent du poste des gardiens, le choix dépendra de votre condition physique et de la fréquentation qui peut être élevée pendant la saison sèche et, plus précisément, durant les vacances de Pâques.

© DAVID GONZÁLEZ REBOLLO

Parc national Los Quetzales.

Les cordillères du Sud-Est
Vers la Vallée centrale
Tarbaca
San Isidro
Tejar
Paraíso
Pejibaye
Atirro
Moravia
CARTAGO
Acosta
Santa Helena
Cangreja
Orosi
2
R. V. S. La Marta
Empalme
Purisil
Río Pacuare
R. F. Río Macho
San Pablo
Cerro Abejonal
Cerro Trinidad
Paso Macho
Tres de Junio
CORDILLÈRE TALAMANCA
San Marcos
Santa María
Parc National Tapantí-Macizo de la Muerte
Cerro San Lorenzo
Ojo de Agua
Río Naranjo
Cerro Vueltas
Parc National Los Quetzales
Villa Mills
Cerro Diamonte
Río Savegre
San Gerardo de Dota
División
Cerro Chirripó 3819 m
San Gerardo de Rivas
Naranjito
Londres
Savegre Abajo
La Ese
Rivas
Parc National Chirripó
Silencio
34
SAN JOSÉ
Finca Marítima
Portalón
Matapalo
Palma
San Isidro del General
Río Telire
Parc National Manuel Antonio
Hatillo
Barú
Timanaste
Platanillo
FILA COSTENA
Dominical
Punta Dominical
PUNTARENAS
Hacienda La Bahia
San Antonio
Volcán
China Kichai
Río General
Parc National Marino Ballena
COSTIÈRE PACIFIQUE CENTRAL
Tortuga Abajo
Coronado
34
OCÉAN PACIFIQUE
Isla Bocabrava
Isla Bocachica
Puerto Cortés
Río Térraba
Palmar S
San Francis
Isla Zacate
Sierpe
H. N. Térraba-Sierpe
N
0
10 km
Punta Sierpe
Punta Ganadito
Drake
Punta Agujitas
Punta San José
Los Planes
San Pedrillo
Parc National Corcovado
Lagune de Corcovado
Route inter-américaine
Routes importantes
Routes secondaires
Pistes
Frontières
Limites régionales
Piste d'aterrissage
Parc national
Parc national marin

Vers la région caraïbe
Parc National Cahuita
Bonifacio
Tuba Creek
Río Estrella
Pandora
Cahuita
Punta Cahuita
LA MATAMA
Cerro Bobocara
R. B. Hitoy Cerere
LIMÓN
Hone Creek
Manzanillo
Bribí
Puerto Viejo
Suretka
R. V. S. Gandoca Manzanillo
36
Bratsi
Amubri
Daytonia
Katsi
Sixaola
Parc National Internacional La Amistad
Cerro Durika
Cerro Dika
Cerro Kamuk
PANAMÁ
Buenos Aires
Brujo
Paso Real
Río Coto Brus
Z. P. Las Tablas
Curré
Vueltas
Jabillo
Villa Colón
Venecia
Unión
San Vito
Chacarita
San Rafael
Piedras Blancas
Vila Briceño
Agua Buena
Parc National Piedras Blancas
Río Clara
Golfito
Neily
Río Coto Colorado
Corredor
Abrajo
Parruja
Trenzas
Punta Zancudo
Zancudo

BORUCA ★★

Les raisons sont nombreuses de s'oublier un peu dans la région : se balader, rencontrer les Borucas originaires du sud du pays, s'initier à l'artisanat local (le tissage et la sculpture). Mais c'est vers le 31 décembre que le séjour peut devenir franchement animé. Les Borucas fêtent alors leur victoire sur les conquistadores. *La fiesta de los Diabolitos* (petits diables) dure trois jours : les Indiens portent des masques de diable (sculptés par les artisans locaux) et se battent contre un homme déguisé en taureau qui représente la force espagnole. Le simulacre se déroule sur une colline au son des tambours et des flûtes et est suivi par une visite nocturne des maisons du village. Une fête identique a lieu dans le village de Curré (fin janvier et début février).

PARQUE INTERNACIONAL LA AMISTAD

Le parc international La Amistad est le plus grand espace de protection animale et végétale d'Amérique centrale. Pourquoi ce nom La Amistad ? En fait, sous un même nom, il regroupe plusieurs parcs costariciens dont celui de Chirripó au nord-ouest, le refuge de Tapantí près de Cartago, le parc Hitoy-Cerere du côté Atlantique, quelques réserves indigènes et son prolongement naturel au Panamá. Sous la surveillance d'une administration commune à l'aire de conservation La Amistad-Talamanca, secondée par quelques organisations internationales, 193 900 hectares sont strictement protégés, et rien ne peut y être entrepris, pas même une route d'accès. En tout, ce sont près de 400 000 hectares – 40 fois la superficie de Paris –, avec le rajout du côté panaméen, qui sont en quelque sorte une zone de transition où sont étudiés des projets de développement comme l'exploitation hydroélectrique des rivières de la cordillère de Talamanca ou l'implantation d'aires de culture écologique dans le respect le plus total de l'équilibre des écosystèmes. Il comprend neuf des douze écosystèmes reconnus par le Système Holdridge (Analyse et classification des systèmes naturels de la planète).

Déclaré Réserve de la biosphère en 1982 par l'UNESCO, puis Patrimoine mondial en 1983, cet immense espace, essentiellement couvert de forêts tropicales, présente l'intérêt majeur d'être dans un relatif bon état. On a même pu y observer des traces intactes des mouvements telluriques de l'ère glaciaire. Quel bel exemple d'entente entre nations (Costa Rica et Panamá) sur un sujet « non commercial », entente intelligente s'il en est, puisqu'il s'agit du pont biologique physique et intemporel entre l'Amérique du Nord et l'Amérique du Sud !

Le parc s'étage entre 1 000 m d'altitude (frontières approximatives du parc) et presque 4 000 m. En fait, il comprend de nombreux sommets de plus de 3 000 m (le Cerro Chirripó 3 819 m – le plus haut du Costa Rica –, le Cerro Terbi 3 760 m, le Cerro Kámuk 3 554 m, le Cerro Cuericí 3 394 m, le Cerro Urán 3 333 m, le Cerro Dúrika 3 280 m). On rencontre une multitude d'habitats dont la variété tient à la topographie, à la nature des sols et aux climats. Le *paramó* de type andin en est certainement l'exemple le plus remarquable.

Cette forêt basse, qui ne pousse qu'à partir de 3 000 m d'altitude, est ici principalement constituée d'une variété de bambou, le batamba.

Plus bas, les forêts tropicales de type mixte abritent des chênes, des cyprès et des cèdres, les plus hauts. Les *ceibas* (les fromagers) atteignent 50 m et plus, perçant comme des cheminées d'aération la voûte épaisse de la forêt humide. Dans les zones les plus humides comme les vallées creusées par les rivières, la végétation, déjà quasi impénétrable, est épaissie par la *sombrilla del pobre*, « les parapluies du pauvre », qui ressemblent à une feuille de rhubarbe, en beaucoup plus grand. La faune regroupe plus des deux tiers des animaux recensés au Costa Rica, en particulier ceux qui ont besoin d'un grand territoire pour chasser, tels le puma ou le jaguar et autres félins des tropiques comme l'ocelot, le jaguarundi ou le margay.

SAN VITO ★

Après la vallée de Coto Brus, la petite ville de San Vito, à quelques kilomètres de la frontière panaméenne, est une étape agréable dans une vallée fraîche située à plus de 900 m d'altitude, entre le parc La Amistad et le jardin botanique Wilson. La petite ville en pente est récente puisqu'elle a été fondée en 1950 par un groupe d'Italiens dont la présence est encore nettement perceptible. Outre que l'on peut y réviser son italien, San Vito est le seul endroit à partir duquel on peut facilement rayonner dans la région.

■ JARDINS BOTANIQUES WILSON ★★

À 6 km au sud de San Vito

✆ +506 2773 4004

Ce jardin est né en 1963 à l'initiative d'un couple de naturalistes et, depuis 1983, il fait partie du parc La Amistad. Sur une propriété de 145 hectares, les 10 hectares de jardins proprement dits sont réservés à la culture de plantes tropicales dans un décor conçu par un horticulteur brésilien. Les espèces végétales en voie de disparition sont regroupées dans des serres. Ce complexe est à la base d'études sur la reforestation menées par des chercheurs et des étudiants qui viennent du monde entier. Quelque 6 km de sentiers qui portent le nom de certaines plantes cultivées (le sentier de la « colline aux Fougères » par exemple) ont été aménagés à travers la forêt qui entoure les jardins. Pour plus de commodité, il est conseillé de les parcourir durant la saison sèche, mais l'exubérance de la période humide (d'avril à décembre) met en valeur un plus grand nombre de plantes comme les orchidées, les fougères ou les plantes épiphytes dont les fabuleuses broméliacées.

CIUDAD NEILY ★

Que l'on descende de San Vito ou que l'on suive l'Interamericana, la seule ville importante rencontrée est Ciudad Neily, en plein cœur d'une zone de production de bananes et de palmiers africains. Neily est une petite ville tranquille, qui se laisse doucement bercer dans une moite torpeur dès les premiers rayons de soleil.

RÉGION CARIBÉENNE

Une côte plate, rectiligne et sablonneuse de près de 200 km du Nicaragua (au nord) au Panamá (au sud), telle apparaît physiquement la région caraïbe. La forêt tropicale en partie vierge descendant des flancs orientaux de la cordillère de Talamanca prospère jusqu'au bord du littoral, notamment au nord (Tortuguero) et au sud.

La population noire, originaire des proches îles Caraïbes, venue lors de la mise en valeur de cette région il y a plus d'un siècle, lui a apporté une culture différente, offrant une touche exotique métissée unique au Costa Rica.

Au niveau du climat, la région caraïbe est naturellement humide (2 400 mm de précipitations par an), en tout cas davantage que la côte pacifique. Durant la saison sèche, les températures y varient de 28 °C à 30 °C (de décembre à avril) et de 22 °C à 25 °C pendant la saison des pluies (de mai à novembre). Tortuguero, au nord, et le sud de la région (Cahuita, Puerto Viejo, Manzanillo) sont les zones dans lesquelles le tourisme est le plus développé. En voiture ou en bus, Limón est un passage obligé – tout comme Guápiles et Siquirres, dans les terres – pour quitter ou retourner dans la vallée Centrale. Ces campagnes offrent un bon aperçu du Costa Rica agricole, loin des sentiers battus.

CÔTE NORD

La région qui s'étend au nord de Limón, à peu près à partir de Boca del río Pacuare (embouchure du río Pacuare), fait partie de la « fosse du Nicaragua », une vaste plaine alluviale inondée par les deltas des rivières qui y aboutissent. Les précipitations (plus de 6 000 mm/an) représentent l'une des plus fortes pluviométries au monde. Les vagues reliefs qui séparent les canaux sont les restes d'un archipel d'origine volcanique. C'est donc en bateau que l'on se déplace dans une région presque complètement dépourvue de routes. Si certaines voies navigables secondaires ont toujours existé, on a creusé à partir de 1974 d'autres canaux pour les relier et pour mieux desservir cette région reculée ; il a fallu attendre 1982 pour qu'un générateur fournisse en électricité le secteur. Un canal, formé de lagunes et de fleuves, quitte Moín en longeant la côte, sur 120 km, jusqu'à l'embouchure du río Colorado, juste avant Barra del Colorado, dernier village avant le Nicaragua, et dessert Parismina, Caño Blanco – l'embarcadère pour ceux qui viennent par « la route » – et la ville de Tortuguero. Il croise tous les fleuves et les rivières qui se jettent dans la mer à leur embouchure, comme Boca del río Matina, Boca del río Pacuare, Boca del río Parismina, Boca del río Tortuguero et enfin Boca del río Colorado. C'est un spectacle de voir ces bocas affronter les rouleaux de l'océan.

Région caribéenne

BARRA DE COLORADO

Barra del Colorado, avec ses 92 000 ha, est le plus grand refuge (presque un parc, en réalité), mais il reste pourtant très peu connu du fait de son éloignement et de ses centres d'intérêt moins spectaculaires que ceux de son puissant voisin Tortuguero. Les zones nord et sud du refuge sont les plus fréquentées. La première, aux environs d'Isla Calero, est accessible par bateau depuis Puerto Viejo de Sarapiquí, en suivant le río Sarapiquí puis le río San Juan le long de la frontière avec le Nicaragua. La seconde jouxte et se confond presque avec le parc national de Tortuguero. Les alentours du village de Barra del Colorado, à l'embouchure du río Colorado (d'où son nom), sont connus des pêcheurs qui viennent ici pour le tarpon. La zone occidentale est au cœur d'un débat entre les partisans de son développement, notamment en ce qui concerne les voies de communication, et ceux qui préféreraient qu'on l'épargne. Une route relie Puerto Lindo, sur le río Colorado, à Cariarí.

PARQUE NACIONAL TORTUGUERO

Le parc national de Tortuguero est un parc national localisé dans la province de Limón. À 256 km au nord-est de San José, à 85 km de Limón, au nord-est du Costa Rica, sur la côte caribéenne Atlantique. Il s'agit du 3e parc le plus visité dans le pays, malgré le fait que l'endroit soit uniquement accessible par avion ou bateau.

Le parc abrite une incroyable variété biologique grâce à sa diversité végétale : forêt humide, marais, plages et lagons. Il jouit d'un climat tropical humide.

Créé en 1975, le parc de Tortuguero protège 18 946 hectares de zone terrestre et 52 265 hectares de zone maritime et renferme 11 habitats différents. Plus de 400 espèces d'arbres et près de 2 200 espèces d'autres plantes y ont été identifiées. Concernant les animaux peuplant ce parc, on trouve 405 espèces d'oiseaux, 111 de reptiles, 57 d'amphibiens et 60 mammifères. C'est également le lieu de nidification de 4 espèces différentes de tortues marines : tortues imbriquées, les tortues caouannes, tortues verte et tortues luth. La tortue verte qui arrive par milliers d'individus sur la plage de Tortuguero entre juin et août et la tortue carey dont la carapace est utilisée pour l'artisanat et qui est considérée comme étant en voie d'extinction.

À proximité des rivières vivent des lamantins, caïmans, crocodiles et lépisostes, considérés comme des fossiles vivants. Dans les forêts cohabitent jaguars, paresseux, lézards et grenouilles (minuscules grenouilles rouges et venimeuses), ainsi que 375 espèces d'oiseaux (Alcedinidae, Ramphastidae, Grand Hérons, paons et perroquets) et plus de 400 espèces d'arbres et environ 2 200 d'espèces de plantes.

PARISMINA ★

Sur l'embouchure de la rivière du même nom, ce petit village est bien souvent la première halte quand on arrive de Moín qui se trouve à une cinquantaine de kilomètres plus au sud. En bordure du parc de Tortuguero, c'est également un point de ralliement très connu des pêcheurs de rivière, amateurs des combatifs tarpons. Ici, on pêche pratiquement toute l'année les thons jaunes, les barracudas, les wahoos et, bien sûr, les tarpons.

DANS LES TERRES

C'est la partie agricole de la région Caraïbes. On y cultive abondamment les bananes et les ananas depuis des générations. Avant tout résidentielle et rurale, cette zone respire l'authenticité. Les amateurs de jardins tropicaux et de fermes agricoles sont de loin ceux qui apprécieront le plus de s'attarder dans l'arrière-pays caribéen du Costa Rica. Quant aux fans de plage et de bronzette, ils feront vite cap vers la côte.

GUÁPILES ★★

Cette ville d'environ 16 000 habitants, installée dans les collines au pied de la Cordillera Central, a une économie avant tout basée sur l'agriculture. Très rurale et loin du tourisme de masse, la ville respire l'authenticité et vous apprécierez très certainement son petit centre et sa place principale. Pour ce qui est de la périphérie, très résidentielle, elle ne présente que peu d'intérêt touristique. Tout autour de Guápiles, et quasiment partout, poussent des bananiers sur leur monticule de terre. À la base de chaque tronc, vous remarquerez un autre tronc pourrissant : le bananier ayant produit un régime de bananes est aussitôt remplacé par un nouvel arbre. Les sacs bleus qui entourent chaque régime les tiennent au chaud, tout en les protégeant des insectes et en conservant l'éthylène dégagé par la maturation des fruits. Au moment de la récolte – qui intervient bien avant que le fruit ne soit mûr –, les régimes, encore enveloppés de leur sac bleu, sont chargés sur des plateaux tirés par des petits tracteurs puis amassés sur des aires spéciales avant d'être envoyés vers la côte. Les plantations de bananes ont toujours occupé une place prépondérante dans l'économie costaricienne, mais les compagnies fruitières sont de plus en plus critiquées par les ligues écologistes, après avoir été attaquées par les syndicats ouvriers. Trop de terres ont été défrichées pour faire place aux bananiers et les planteurs usent et abusent d'insecticides pour augmenter la production au mépris de l'environnement et de la santé. Il semble qu'un changement se dessine, sensible depuis certaines discussions internationales qui pourtant n'arrangent pas les affaires bananières du Costa Rica (accords de l'OMC).

GUÁCIMO ★

À une dizaine de kilomètres à l'est de Guápiles, au bord de l'autoroute n°32, cette petite ville d'environ 6 000 habitants est surtout connue pour son école d'agriculture tropicale EARTH réputée dans toute l'Amérique latine ainsi que pour son magnifique jardin tropical Costa Flores.

SIQUIRRES ★

Avec environ 15 000 habitants, Siquirres est une ville résidentielle au milieu des plaines et des champs de bananes.

REPÉREZ LES MEILLEURES VISITES

★ INTÉRESSANT ★★ REMARQUABLE ★★★ IMMANQUABLE ★★★★ INOUBLIABLE

RÉGION DE PUERTO LIMÓN

Cette région caribéenne est occupée par le port de Limón et son extension Moín. C'est ici, à l'île La Uvita, que Christophe Colomb débarqua le 18 septembre 1502, faisant de Limón – si l'on excepte le site précolombien de Guayabo – le plus ancien territoire du Costa Rica. Limón la nonchalante semble endormie, quelque peu oubliée de tous. Il est vrai qu'elle offre une allure urbaine sans originalité, peu attrayante pour les voyageurs. Puerto Limón souffre en outre d'une réputation de dangerosité pas toujours justifiée, sauf si bien sûr vous sortez seul à la tombée de la nuit. La ville est enfin à proximité de la jolie plage Playa Bonita, un bon spot de surf, et de Portete, un village de pêcheurs pittoresque.

MOÍN ★

À 8 km de Puerto Limón, Moín est une banlieue portuaire. C'est d'ailleurs uniquement son port qui vous attire jusqu'ici. C'est aussi un point de départ pour se rendre à Tortuguero ; la traversée dure 4 heures en moyenne et vous permet de découvrir le canal de Tortuguero en flânant. Il faut cependant savoir que partir de Cariari pour aller à Tortuguero revient moins cher et reste plus rapide. Dans les années 1970, de vieux rafiots longeaient la côte jusqu'aux embouchures des rivières, puis des barques prenaient le relais pour desservir la région parcourue par une multitude de canaux naturels. En 1974, de nouvelles voies d'eau furent creusées pour relier les anciens canaux et en faire un véritable réseau navigable.

© JUAN AMIGHETTI – ICT

Grenouille feuille.

PLAYA BONITA ★

En avril 1991, lors de l'un des tremblements de terre les plus violents du pays, les récifs coralliens se sont soulevés d'environ un mètre sur la pointe entre Limón et Moín. C'est ainsi que le récif de cette belle plage vit le jour. Depuis, la plage est balayée par de puissantes houles venues du nord-est, idéales pour le surf : la plage est d'ailleurs le théâtre d'un championnat annuel recherché. Le spot de Los Tumbos se trouve à l'extrémité sud de la plage, il doit son nom aux rochers environnants. Ce spot populaire aux vagues impitoyables n'est cependant pas fait pour les débutants ! Même si la plage est un repère impérissable pour les surfeurs, la baignade n'est toutefois pas recommandée.

PORTETE ★★

Installé sur une baie, le petit village de pêcheurs se trouve sur la gauche avant Playa Bonita. Pittoresque et typique, il mérite qu'on y flâne une heure ou deux.

PUERTO LIMÓN ★

Avec ses 60 000 habitants, Puerto Limón, ou Limón, est une ville colorée et nonchalante à l'extrême. Elle est très différente des autres villes du Costa Rica. Ici, le reggae s'échappe des sodas et le salut devient « *hi* » ou « *all right* ». Les descendants des Jamaïcains, qui étaient venus en masse au XIXe siècle pour travailler sur le chantier du chemin de fer ou dans les bananeraies, continuent à parler anglais, mais un anglais très mâtiné d'espagnol et plutôt informel. Le 12 octobre, un fameux carnaval se déroule dans les rues de la ville et sur ses plages. On y fera une halte appréciable, dans ses multiples petits restaurants.

CÔTE SUD

Arriver en vue des eaux caraïbes, c'est un peu changer de pays, encore une fois. Tout devient plus touffu, exubérant, voire désordonné. Cela peut être un choc après un séjour sur la côte Pacifique, mais on trouve bien vite ses repères dans ce nouveau monde. La région est l'une des plus métissées du Costa Rica, des Indiens bribrí aux pâles Européens qui s'y installent en masse, attirés par la « cool attitude ». Mais ce sont surtout les Jamaïcains, arrivés pendant la première moitié du XIXe siècle, qui ont imprimé leur marque sous les cocotiers et les bananiers. Du fait de son isolement et du manque d'infrastructures, la région sud de la côte Caraïbe est longtemps restée à l'écart des destinées du Costa Rica. Il a fallu attendre la fin des années 1970 pour qu'une route la relie à Limón, 1986 pour que la fée électricité fasse briller les ampoules, et il n'y avait qu'un téléphone public par village jusqu'à la fin de 1996. C'est certainement pour cette raison que la culture afro-caraïbe y est restée si forte. Il n'y a pas si longtemps – avant une campagne d'hispanisation, il y a à peine trente ans, et l'arrivée massive d'ouvriers hispanophones dans les plantations –, Puerto Viejo s'appelait encore Old Harbour (Vieux Port) ; Punta Uva, Grape Point ; et Manzanillo, Manchineel.

PENSHURST ★

Le village reculé de Penshurst reçoit rarement la visite de touristes. Il se trouve en pleine nature, à deux pas de la superbe réserve biologique Hitoy-Cerere, elle aussi méconnue des voyageurs mais dont l'impressionnante biodiversité est un trésor. Heureusement, la région n'est pas boudée par tous les voyageurs et les passionnés de faune et flore viennent volontiers visiter Penshurst et son parc.

CAHUITA ★★★

Vers 1830, Cahuita n'était qu'un camp de base sur le chemin du Panamá, un peu plus au sud du site actuel. Plus tard, le campement s'est agrandi quand une poignée de Jamaïcains est venue s'y installer. Peu à peu, ces premiers habitants ont émigré vers le nord, jusqu'à l'actuelle Cahuita, devenue depuis une dizaine d'années un centre touristique vivant. Sa rue principale est une succession d'hôtels et de restaurants. Heureusement, Cahuita retrouve des allures de village de bord de mer dès que l'on s'en éloigne, avec des sentiers qui mènent aux plages et aux lodges alentours, ainsi qu'au parc, la principale attraction.

On y découvre en outre une atmosphère unique et dépaysante en s'y rendant hors saison, quand les plages sont désertées et que la vie locale reprend le dessus, entre rastas, pêcheurs (souvent les mêmes) et expatriés solidement implantés. Lieu à ne pas manquer en particulier pour son atmosphère si particulière et ses plages idylliques !

PARQUE NACIONAL DE CAHUITA ★★★★

✆ +506 2755 0461

Deux accès : par le village de Cahuita, ou bien à Puerto Vargas, à 5 km au sud de Cahuita (indiqué par une pancarte sur la route principale).

Pour lutter contre la défiguration des côtes, une loi interdit de construire à moins de 150 m de la mer, et la pointe au sud de Cahuita est devenue parc national en 1978, à l'instar de toute la région au sud de Limón classée refuge faunique. Au sein de cet environnement, les habitants ont su préserver leur mode de vie, loin des autres Ticos qui n'y viennent d'ailleurs jamais. C'est ce qui fait la différence entre le sud-est du pays et les autres côtes beaucoup plus fréquentées. C'est le seul parc du pays qui soit géré par la communauté et dont le droit d'entrée est un apport volontaire de chaque visiteur. Le parc national de Cahuita commence à l'extrémité sud du village, à l'endroit appelé « Kelly Creek », et couvre 1 067 hectares sur terre et 22 400 hectares en mer. C'est l'un des plus beaux sites du pays avec ses plages de sable blanc, ses cocotiers inclinés vers la mer comme sur une carte postale et ses eaux relativement calmes. L'attrait principal de ce parc réside dans le récif corallien qui entoure la Punta Cahuita ; il est malheureusement menacé par les sédiments (en provenance des bananeraies) et les pesticides que dépose le río Estrella au nord de Cahuita. On pourra observer sur ce récif éventails de mer, oursins et poissons colorés (poissons perroquets, isabelitas ou anges de mer), cornes d'élans et cérébriformes.

CACAO TRAILS ★★

Punta Riel – Hone Creek

✆ + 506 2756 8186

www.cacaotrails.com

Sur la route entre Cahuita et Puerto Viejo, à 7 km de Cahuita, des panneaux indiquent le Museo del Cacao sur la gauche.

La visite de ce musée consacré au cacao costaricien (réputé comme le moins amer) est orchestrée par des Indiens autochtones, ce qui ajoute à son authenticité. Il raconte l'histoire du cacao dans la région, *el grano de ojo* de la Caraïbe. Les visiteurs découvrent tout le processus de fabrication, depuis la récolte dans la plantation jusqu'à la préparation des confiseries, en passant par la fermentation, le séchage et la cuisson des fèves. A chaque étape de ce processus, il est possible de participer et de goûter (le fruit frais est lui aussi délicieux !). La visite d'un petit musée annexe, dédié à la culture indienne et aux plantes médicinales, est également comprise, tout comme celle du parc dans lequel on peut facilement voir des singes, des iguanes et des paresseux. D'autres circuits sont proposés : à bord d'un canoë ou associé à la ponte des tortues. Vous saurez tout sur le cacao grâce aux guides très expérimentés.

PLAYA VARGAS ★★★

Dans la continuité de Playa Blanca, après Punta Cahuita, elle est longue d'environ 1,5 km. Baignade conseillée suivant les drapeaux vert ou rouge. Ce site est l'un des meilleurs pour faire du *snorkeling* et profiter des fonds marins en toute quiétude. L'eau avoisine généralement les 25 °C. Un plage tranquille où vous ne croiserez sûrement aucun surfeur. Une vraie plage de rêve.

PUERTO VIEJO DE TALAMANCA ★★

Puerto Viejo est la patrie des Indiens Bribrí et Cabécar, qui côtoient les agriculteurs d'origine jamaïcaine (parlant un anglais hispanisant difficile à comprendre) ainsi que les descendants des colons espagnols. Petit village de pêcheurs charmant, avec un centre qui s'anime le matin et en fin d'après-midi, Puerto Viejo s'étend sur plusieurs centaines de mètres le long de plages de rêve, au nord (Playa Negra) comme au sud (Playa Cocles, Playa Chiquita, Punta Uva). L'endroit pâtit un peu de son succès en haute saison, mais il s'étend sur plusieurs kilomètres et c'est en allant vers le sud, jusqu'à Punta Uva, que l'on découvre tous ses trésors cachés. Impossible alors de se plaindre du bruit : c'est la nature qui chante à votre fenêtre !

■ KEKÖLDI ★★★

Territoire Keköldi
Sur la route entre Cahuita
et Puerto Viejo
✆ +506 2751 0076
deyedi@costarricense.com

Laissez-vous guider par les Indiens qui vivent sur le territoire keköldi. Ils vous feront découvrir la culture bribrí, la forêt costaricienne de la côte caraïbe mais surtout l'élevage des iguanes verts, qui pullulent sur le site ; les plus grands se baladent librement dans la forêt. Ici, ils sont protégés et on vous apprend pourquoi ils sont autant menacés dans cette partie du pays. Vous pourrez même les toucher si vous le cœur en dit... Si vous passez par l'ATEC ou par un guide local (sur réservation), vous pouvez coupler l'excursion avec la découverte de la plus grosse cascade de la région.

■ WATSI ★★

Territoire Watsi
Dans les terres entre Cahuita
et Puerto Viejo

La communauté Watsi, peuplée d'Indiens Bribrí, se visite avec ou sans guide au départ de Puerto Viejo. Il est possible de se promener dans le « jardin » (en fait, une portion de jungle !) guidé par les habitants, à la découverte des plantes. Maquillage, colorants et colle naturels n'auront plus de secrets pour vous. Vous pourrez aussi fabriquer le chocolat chaud naturel avec du gingembre, de la cannelle et de la muscade que vous aurez cueillis, à la façon des autochtones. Une visite 100 % nature, généralement couplée par les tour-opérateurs avec la découverte de la cascade sacrée de Volio.

■ YORKIN ★★

Territoire Yorkin
Accès via les villages de Bribrí
et de Bambù, puis en pirogue
jusqu'à la communauté.

Pour rejoindre la communauté dans la Talamanca, il faut prendre une barque sur le rio Yorkin au niveau de Bambu (à 45 minutes de Puerto Viejo). Sur place, découverte de la culture bribrí et de ses racines, du mode de vie actuel, de l'artisanat et rencontre avec le chaman. Possibilité de passer la nuit dans une famille et de manger sur place. C'est l'excursion la plus intéressante car la communauté est isolée et le trajet pour y accéder est superbe.

Les Bribri (le nom de la communauté indigène qui vit sur place) sont extrêmement chaleureux et accueillants, ils vous inviteront avec le sourire dans leur univers luxuriant, très connecté à la nature, et vous feront découvrir entre autres la fabrication du chocolat (des plantations de fèves de cacao sont situées à proximité du village). Quelques agences vous proposent cette immersion à la journée ou sur quelques jours.

PUNTA UVA ★★★

Après Playa Coclès, en direction de Manzanillo, la route devient plus étroite et c'est à partir de là que l'on commence à se sentir ailleurs. N'hésitez pas à explorer les sentiers qui se dévoilent sur la gauche. Ils débouchent sur des plages isolées et sublimes (Playa Pirikikí, Playa Chiquita ou Punta Uva), les cocotiers penchés vers l'eau, les rochers à fleur de sable, les vagues, les nuées d'oiseaux qui piaillent de branche en branche. Des plages quasiment rien que pour soi ! Des gargotes se trouvent à quelques mètres de la plage, sous les arbres... Un petit coin de paradis !

REFUGIO NACIONAL GANDOCA-MANZANILLO

À Manzanillo, 73 km au sud de Limón. Avec une surface de 5 013 ha terrestres et 4 436 ha marins, ce refuge national de vie sylvestre, créé en 1985, protège 9 km de plage de sable blanc et une barrière de corail. La faune est principalement celle d'habitats aquifères d'eau douce et d'eau de mer. Gandoca-Manzanillo est le refuge d'espèces menacées comme l'huître de palétuvier qui se développe dans une mangrove unique en son genre au Costa Rica. La forêt de la lagune fait partie des forêts tropicales humides et son importance est d'autant plus grande qu'elle est la seule de cette partie de la côte. Derrière les cocotiers qui longent la plage, la forêt primaire abrite des spécimens rares dont certains sont en voie de disparition. Aux alentours de l'embouchure du río Gandoca, on peut observer des tapirs, des caïmans, des lamantins, des crocodiles et, par centaines, des oiseaux aussi plaisants que les perruches, les toucans ou les perroquets. Sachez enfin que quatre espèces de tortues, dont la baula, viennent pondre sur cette plage, surtout en début d'année.

BRIBRÍ ★★

Sur la route de Sixaola que l'on emprunte sur la droite avant Puerto Viejo, Bribrí est souvent mentionnée par les guides, peut-être parce qu'elle a un petit côté bout du monde quand on regarde la carte du Costa Rica. Ce petit village qui porte le nom des Indiens de la région est au premier abord peu intéressant pour la majorité des touristes : rien de très spécial hormis observer les nombreux iguanes qui ont élu domicile dans les arbres du parc qui longe la rue principale ; c'est avant tout un centre administratif et agricole pour les Amérindiens. Si vous voulez en apprendre plus sur les communautés indiennes qui vivent là, c'est cependant une étape enrichissante que nous recommandons afin de découvrir une autre facette de la culture du pays. Beaucoup louent une chambre aux touristes et c'est un bon moyen d'entrer en immersion dans leur mode de vie et leurs traditions.

PENSE FUTÉ

La découverte des parcs nationaux depuis les hauteurs, La Fortuna.

PENSE FUTÉ

Argent

- **Monnaie :** le colón (¢) – colones au pluriel – du nom du « découvreur » Christophe Colomb, mais les prix sont souvent affichés en US$. Les deux monnaies ont indifféremment cours au Costa Rica.
- **Taux de change :** 1 € = 639 colones ; 1 US$ = 533 colones ; soit 1 000 colones = 1,56 € (avril 2020).
- **Coût de la vie :** le Costa Rica est un pays où le niveau de vie est assez élevé, vous trouverez donc globalement les mêmes prix qu'en Europe ou aux États-Unis. Rappelez-vous que dans le domaine touristique, comme partout, tout est un peu plus cher.
- **Moyens de paiement :** les dollars en petites coupures, la Carte Bleue Visa ou Mastercard sont acceptés quasiment partout, ce sont les modes de paiement à privilégier. Les distributeurs (en monnaie locale et en dollars) sont présents sur tout le territoire.
- **Marchandage :** il ne se pratique que très peu.
- **Pourboires :** pour la *propina*, il est selon votre bon vouloir et la qualité du service.

Bagages

Des vêtements amples et légers, des t-shirts ainsi que des tenues en coton sont conseillées sous ce climat chaud et humide, qui sévit la majeure partie de l'année. Evitez les tissus épais ou synthétiques qui sèchent lentement ! Une bombe anti-moustiques vous sera vitale dès le crépuscule, si vous séjournez près des fleuves ou des lacs. À Tortuguero comme en forêt, les moustiques sont féroces alors aspergez-vous bien de produit répulsif avant de partir en promenade. Mettez un produit anti-moustiques par sécurité dans votre valise mais vous en trouverez aussi facilement en supermarché sur place.

Électricité

110 volts AC. Les prises électriques sont de type américain, à fiches plates. Prévoir donc des adaptateurs (adaptadores) que l'on peut trouver facilement dans les magasins d'électricité générale pour 2 000 colones environ.

Formalités

Le visa n'est pas exigé pour les ressortissants français qui se rendent au Costa Rica, si le séjour n'excède pas 90 jours : un passeport est suffisant. Attention cependant, toute personne qui quitte le Costa Rica par l'aéroport international doit s'acquitter d'une taxe de 29 US$ (ou la somme équivalente en colones).

Langues parlées

L'espagnol est majoritairement parlé et l'anglais largement pratiqué.

POUR AIDER LES PLUS PAUVRES,
JE CHOISIS D'AGIR AVEC EUX
FAITES UN DON
secours-catholique.org
BP455-75007 PARIS
caritasfrance Secours Catholique-Caritas France
Secours Catholique Caritas France
ENSEMBLE, CONSTRUIRE UN MONDE JUSTE ET FRATERNEL

Faire / Ne pas faire

Faire

- **Aborder les Costariciens dans la rue !** N'hésitez surtout pas à demander votre route ou un quelconque renseignement. Les Ticos vous répondront avec le sourire. Ils sont prêts à tout pour plaire et ça se voit autant que cela se ressent.
- **Parler de tout avec les locaux !** Il n'y a pas vraiment de tabous au Costa Rica, et le sujet le plus sensible (la politique) est souvent source de rigolade entre Ticos. Ces derniers sont certainement l'un des peuples les plus souriants et chaleureux que nous connaissons. Il y a peu de chance que vous tombiez sur le sujet qu'il ne fallait pas aborder.

Ne pas faire

- **Douter de la beauté du pays.** Cela serait un coup porté à la fierté des Ticos. Cela serait aussi un peu de mauvaise foi, car il faut être sacrément exigeant pour ne pas reconnaître les grandes qualités de ce territoire. Donc, surtout, nous vous conseillons de taire vos critiques et de les garder pour vous ou pour vos proches.
- **Critiquer trop vivement les efforts de préservation du pays.** S'il y a bien un domaine qui concerne tout le pays et ses habitants, c'est bien la préservation de l'environnement. Il serait donc très mal vu de pointer les lacunes. Des critiques qui pourraient mal passer auprès de vos interlocuteurs et qui nieraient tous les efforts fournis par ces derniers depuis plusieurs années.
- **Ne montrer aucun respect envers l'environnement, et surtout envers les animaux.** En même temps, si tel est le cas, que faites-vous donc au Costa Rica ?

Quand partir ?

Si le meilleur moment pour un voyage est la saison sèche – évitez cependant la semaine sainte en mars ou en avril –, il faut savoir que pendant la « saison verte », les prix sont beaucoup plus bas et les touristes un peu moins nombreux, notamment en mai et septembre (sauf en juillet et en août qui correspondent aux vacances des Européens).

Santé

Aucun vaccin n'est obligatoire au Costa Rica mais les vaccins contre le tétanos, la diphtérie et l'hépatite A (à moins d'être immunisé) sont recommandés. Les plus prudents et les plus aventureux devront y ajouter l'hépatite B ainsi que la fièvre typhoïde. Planifiez vos vaccinations plusieurs semaines avant le départ.

NOURRIR
ÇA VEUT DIRE
SOIGNER
UNE PERSONNE MALADE PEUT RAPIDEMENT SOUFFRIR DE MALNUTRITION.
SAVEZ-VOUS QUE LES MALADIES SONT L'UNE DES PRINCIPALES CAUSES DE LA FAIM DANS LE MONDE, FRAGILISANT ENCORE L'ORGANISME DES PLUS FAIBLES ? ALORS NOUS ŒUVRONS DIRECTEMENT AUPRÈS DES POPULATIONS POUR PRÉVENIR ET SOIGNER, AFIN QU'ELLES PUISSENT RETROUVER UNE VIE ET UNE ALIMENTATION NORMALES.
ACTION CONTRE LA FAIM
C'EST BIEN PLUS QUE NOURRIR.

Il est également nécessaire de prendre ses précautions contre la dengue et le paludisme (mettre du produit anti-moustiques, un t-shirt à manches longues et un pantalon dans les zones à risques, près des eaux stagnantes). Enfin si l'eau est potable, les corps fragiles veilleront à n'en consommer qu'en bouteille.

Sécurité

- **Voyageur handicapé :** les structures hôtelières sont désormais obligées de disposer d'une chambre adaptée à l'accueil des personnes handicapées. Cependant, dans certaines régions, si les établissements ont effectué les aménagements adéquats, les organisateurs d'excursion ne disposent pas du matériel pour les accueillir dans de bonnes conditions.
- **Voyageur gay ou lesbien :** la discrétion reste de rigueur même si les comportements sont loin d'être agressifs. A noter que le mariage homosexuel a été légalisé au printemps 2020.
- **Voyager avec des enfants :** le Costa Rica se prête volontiers à un séjour familial. Les enfants sont acceptés partout et les activités pour eux sont nombreuses.
- **Femme seule :** une fille seule n'a pas grand chose à craindre. Il faut malheureusement juste s'habituer aux *piropos*, ces sifflements entre les dents quelquefois accompagnés d'adjectifs flatteurs qui fusent à chaque apparition d'une silhouette féminine.

Téléphone

- **Indicatif téléphonique :** 506.
- **Téléphoner de France au Costa Rica :** composer le 00 + 506 (ou le 011 depuis le Québec), puis les 8 chiffres du numéro de votre correspondant.
- **Téléphoner en local :** tous les numéros ont 8 chiffres, avec un 2 pour les numéros de fixe et un 8, ou un 6 ou un 7 (selon l'opérateur) pour les numéros de portable. A l'intérieur du pays, on ne fait donc que les 8 chiffres.
- **Téléphoner du Costa Rica en France :** composer le 00 +33, et enfin le numéro sans le 0 initial.

INDEX

A - B

C

D

E

F

G - H

I

J - K

L - M

N - O

P

Q - R

S

T

V - W

Y - Z

EDITION

Directeurs de collection et auteurs : Dominique AUZIAS et Jean-Paul LABOURDETTE

Auteurs : Baptiste THARREAU, Antoine RICHARD, Joanna DUNIS, Jessica ARONOV, Caroline DHERBEY, Saliha HADJ-DJILANI, Jean-Paul LABOURDETTE, Dominique AUZIAS et alter

Directeur Editorial : Stéphan SZEREMETA

Rédaction Monde : Laure CHATAIGNON, Morgane VESLIN, Pierre-Yves SOUCHET, Natalia COLLIER

Rédaction France : Briséis CREAC'H-MENUT, Mélanie COTTARD, Audrey VEDOVOTTO, Nicolas WODARCZAK

FABRICATION

Maquette et Montage : Romain AUDREN, Julie BORDES, Delphine PAGANO

Iconographie et Cartographie : Anne DIOT, Julien DOUCET

WEB ET NUMERIQUE

Directeur Web : Louis GENEAU de LAMARLIERE

Développeurs : Guillaume BARBET, Adeline CAUX et Roland SPOUTIL

Intégrateur Web : Mickael LATTES, Antoine DION

Webdesigner : Caroline LAFFAITEUR

Community Traffic Manager : Alice BARBIER, Mariana BURLAMAQUI et Noémie LE SAUX

DIRECTION COMMERCIALE

Directeur commercial : Guillaume VORBURGER

Coordinatrice des Régies commerciales : Manon GUERIN

Account Manager Marketplace : Leila ROUGEOT assistée de Lola FAVRE-MOT

Responsable Régies locales : Michel GRANSEIGNE

Responsables Développement régie inter : Jean-Marc FARAGUET et Guillaume LABOUREUR

Chefs de Publicité Régie internationale : Camille ESMIEU

Chefs de Publicité Régie nationale : Caroline AUBRY, François BRIANCON-MARJOLLET, Perrine DE CARNE MARCEIN, Yannick LE MARRE

DIFFUSION ET PROMOTION

Directrice des Ventes : Bénédicte MOULET assistée d'Aissatou DIOP

Responsable des ventes : Jean-Pierre GHEZ assisté de Nelly BRION

Relations Presse-Partenariats : Jean-Mary MARCHAL

ADMINISTRATION

Président : Jean-Paul LABOURDETTE

Directrice des Ressources Humaines : Dina BOURDEAU assistée de Sandra DOS REIS et Eva BAELEN

Directrice Administrative et Financière : Valérie DECOTTIGNIES

Comptabilité : Guillaume PETIT, Aminata BAGAYOKO, Jeannine DEMIRDJIAN

Recouvrement : Fabien BONNAN assisté de Sandra BRIJLALL

Responsable informatique : Elie NZUZI-LEBA

■ CARNET DE VOYAGE COSTA RICA ■

LES NOUVELLES EDITIONS DE L'UNIVERSITE
18, rue des Volontaires - 75015 Paris.
✆ 01 53 69 70 00 - Fax 01 42 73 15 24
Internet : www.petitfute.com
SAS au capital de 1 000 000 € - RC PARIS B 309 769 966
Couverture : Paresseux © Generistock
Impression : IMPRIMERIE CHIRAT - 42540 Saint-Just-la-Pendue
Achevé d'imprimer : février 2022
Dépôt légal : février 2022
ISBN : 9782305041391

Pour nous contacter par email, indiquez le nom de famille en minuscule suivi de @petitfute.com
Pour le courrier des lecteurs : info@petitfute.com

IMPRIMÉ EN FRANCE

PEFC™
10-31-1895
Certifié PEFC
Ce produit est issu de forêts gérées durablement et de sources contrôlées.
pefc-france.org

